輝いた夏つないだ球史

佐久長聖が78チームの頂点に

新型コロナウイルスの感染拡大により中止された全国高校野球選手権長野大会の代替大会「2020年度夏季高校野球長野県大会」は最終日の8月10日、長野市の長野オリンピックスタジアムで決勝が行われ、佐久長聖が9―0で昨年の長野大会優勝校・飯山に勝ち、78チームの頂点に立った。佐久長聖は長野大会で8度の優勝を果たしており、夏の大会としては2年ぶり、9度目の優勝。

新型コロナは、全国高校総体の中止など若者たちが鍛錬の成果を発揮する場を数多く奪った。高校野球も3月の全国選抜大会（センバツ）や春季北信越大会などが中止に。5月には夏の甲子園大会と長野大会を含む地方大会の中止が決まったが、長野県高校野球連盟が代替大会の開催を決めた。

休校や部活動禁止により目標を失いかけながらも前を向き、「野球する目的」「野球ができる喜び」を改めて見つめ直した球児たち。〝特別な夏〟の一瞬一瞬に輝きを見せ、信州高校野球の歴史をつないだ。

完封で優勝を決め、抱き合って喜ぶ佐久長聖の梅野（左上）と横田（下）のバッテリー＝8月10日、長野オリンピックスタジアム

目次は80ページ

２年ぶりの優勝を決めマウンドに集まる佐久長聖の選手たち

決勝　8/10・長野オリンピックスタジアム

佐久長聖 9－0 飯　山

佐久長聖	3	0	0	0	4	0	2	0	0	9
飯　山	0	0	0	0	0	0	0	0	0	0

（佐）梅野―横田（飯）常田、市川、馬場―佐藤留

【評】佐久長聖が機動力を生かして飯山の常田を攻略。序盤、中盤、終盤に得点を挙げ、快勝した。一回は常田の立ち上がりを攻め、2死無走者から藤原、堀、楠らの長短5連打で3点を先制。五回は連打から無死二、三塁とし、堀の犠飛や小山の2点適時打などの4得点でリードを広げた。七回に代打上島の適時二塁打などでダメ押しとなる2点を加えた。

エース梅野はコースを丁寧に突いた投球で2安打9奪三振の完封。3度も一塁走者をけん制球で刺すなど、飯山に反撃の機会を与えなかった。

一回の3失点で追う形となった飯山は、打線が散発2安打と沈黙。得点圏に2度しか走者を進められず、常田の左前打などで得た三回2死一、二塁、敵失で得た九回2死二塁でも後続が倒れた。

一回佐久長聖2死一塁、堀が左越えに先制の適時二塁打を放つ（捕手佐藤留）

佐久長聖 3年生52人が結束V

プロ注目のエース常田を攻略した佐久長聖の藤原監督に驚きはなかった。「3年生全員が真摯《しんし》に野球に向き合い、戦い方を理解してくれた」。初戦（2回戦）敗退した昨夏の長野大会から1年後に見せたのは、自ら勝機をたぐり寄せる強さだった。

鋭い洞察力と機動力で難攻不落の右腕を追いつめた。一回2死から藤原が中前打で出ると、堀がランエンドヒットのサインから左越え二塁打を放ち、1点を先制した。真骨頂はここから。楠も左前適時打で続き、なお2死一塁。高く弾んだ小山の打球が三塁手の頭上を越えると、一走楠は「ベースカバーがいなかったので狙った」と一気に三塁へ。続く野沢も「相手のバント処理は少し不安定。狙っていた」と三塁線への絶妙なバント安打を決めるなど、機動力を絡めた5連打で3点を先取した。これで試合の主導権を握ると、五回にも藤原の盗塁や楠の適時バント安打などで飯山の守備を揺さぶり、試合の大勢を決定付ける4点を奪った。

5月下旬、甲子園大会と長野大会の中止が決まった翌日も選手たちはグラウンドで黙々と自主練習を続けていた。その姿を見た指揮官は「指導者の自分が勇気をもらった。自分も全力を尽くして応えよう」と決意した。

その結論が52人の3年生全員にベンチ入りを経験させた上での優勝だった。藤原主将が「佐久長聖の野球をつないでいくためにも全員で優勝しよう」と鼓舞し、結束。準決勝までに52人全員のベンチ入りは達成したが、藤原監督は「決勝のメンバーは大会中に結果を残した選手」と宣言し、最後まで激しい定位置争いを繰り広げな

最高の試合ができた

●**佐久長聖・藤原弘介監督**「好投手の常田君を相手に先制点を取れたことが大きかった。昨秋の北信越大会で負けてからは、しっかり打って勝つことも細かい野球で点を取ることも追求してきた。それが今日の決勝で生きたと思う。3年生52人と最高の試合ができたし、最後まで真剣勝負で戦うことができた。こういう大会を用意してもらい、本当に感謝している」

優勝
佐久長聖

佐久長聖
下伊那農
長野日大
都市大塩尻
松商学園
上田西
岡谷南
飯山

佐久長聖 2年ぶり「夏」制す

佐久長聖		打	得	安	点	振	球	犠	盗	失
⑨	山田	4	0	1	0	0	1	0	0	0
⑤	花村	5	1	1	0	0	0	0	0	0
5	大洞	0	0	0	0	0	0	0	0	0
④	藤原	4	2	2	0	0	1	0	1	0
⑦	堀	4	2	1	2	0	0	1	0	0
⑧	楠	3	2	2	2	0	0	0	1	0
H	高晃	1	1	1	0	0	0	0	1	0
8	中野	1	0	0	0	0	0	0	0	0
③	小山	3	0	2	2	0	0	0	0	0
H	上島	1	0	1	1	0	0	0	0	0
R	小林	0	0	0	0	0	0	0	0	0
3	土居	1	0	0	0	0	0	0	0	0
⑥	野沢	3	1	1	1	0	0	1	2	0
6	北原	0	0	0	0	0	0	0	0	1
②	横田	3	0	0	1	0	0	1	0	0
①	梅野	3	0	0	0	2	1	0	0	0
	計	36	9	12	9	2	3	3	5	1

飯山		打	得	安	点	振	球	犠	盗	失
⑤	長崎	3	0	0	0	0	1	0	0	0
⑥	関	3	0	0	0	0	0	0	0	0
H	佐藤元	1	0	0	0	0	0	0	0	0
④	塚田	4	0	0	0	2	0	0	0	0
②	佐藤留	3	0	1	0	0	1	0	0	0
⑦	鈴木	3	0	0	0	3	0	0	0	1
③	田中	2	0	0	0	0	1	0	0	0
⑨	湯川	1	0	0	0	1	1	0	0	0
1	市川	0	0	0	0	0	0	0	0	1
89	服部	1	0	0	0	0	0	0	0	0
①9	常田	2	0	1	0	1	0	0	0	1
H	村松	1	0	0	0	0	0	0	0	0
8	清水	0	0	0	0	0	0	0	0	0
⑧1	馬場	2	0	0	0	2	1	0	0	0
	計	26	0	2	0	9	5	0	0	3

〔二〕堀、上島▽残塁 佐6飯4〔併〕佐1飯1
▽試合時間1時間58分

	投手	回	打	投	安	振	球	失	責
○	梅野	9	31	124	2	9	5	0	0
●	常田	5	27	89	10	1	1	7	5
	市川	2	9	39	2	1	2	2	2
	馬場	2	6	18	0	0	0	0	0

五回佐久長聖無死二、三塁、小山の中前打で三走に続き二走楠が生還し７点目

●佐久長聖・小山（五回、中前に２点適時打を放つ）「初球の真っすぐを見逃しながら打つポイントを確認し、２球目のスライダーを打てた。昨秋は投手から野手に転向したばかりでチームに貢献できなかったので、打てて良かった」

から完成度を高めた。結束力と競争で1点にこだわる緻密な野球を構築した。

3年生同士の絆、佐久長聖野球の継承…。さまざまな思いを込めて「つなぐ」をテーマに臨んだ今大会。甲子園の舞台には立てないが、52人での優勝という偉業を果たした藤原主将は「仲間への感謝の思いしかない。やってきたことが間違いではなかったことを全員で証明できた」と万感の思いを口にした。

エース梅野 2安打完封

9点リードで迎えた九回。佐久長聖のエース梅野は124球目のカットボールで最後の打者を遊ゴロに打ち取り、送球が一塁手のミットに収まるのを見届けると、マウンドで跳びはね、駆け寄った捕手の横田と抱き合いながら喜んだ。

準決勝までの5試合のうち4試合に救援登板し、満を持しての今大会初先発だった。この日の最速は132キロながら、切れのある直球とスライダーを丁寧に低めに集め、凡打の山を築いた。けん制球で3度も走者を刺すなど、出塁されても冷静に対処。飯山に一度も三塁を踏ませず2安打完封し「100点の投球ではなかったけれど、打者を見ながら投げられた」とうなずいた。

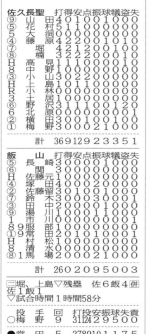

飯山 誇れる2年連続決勝

長野大会で初優勝した昨年に続き、夏の公式戦2年連続優勝を狙った飯山。あと1勝まで迫ったが、決勝で力尽きた。服部主将は「やっぱり最後は優勝したかった」と唇をかんだ。

大会屈指の好投手・常田を擁し、大一番でも描いたプランは「いつも通りの先行逃げ切り」(吉池監督)。しかし、頼りのエースが一回に3点を失い、歯車が狂った。

打線も初対戦の梅野に対応できず、わずか2安打。振り遅れないようにと意識しすぎ、持ち前の積極性を失った」と悔やんだ。走者を出した二、三、四回にいずれも一塁走者がけん制死。指揮官が「勢いに乗った時の爆発力は昨年以上」と評した打線は、その端緒をつかめずに零封された。

塚田は「(梅野の)直球は想像以上の切れだった。

昨夏の優勝で周囲の期待が高まり、今年の3年生は「常にプレッシャーと戦ってきた」と服部。競技面はもちろん、普段の生活態度も卒業生と比べられた。心の支えはアルプススタンドから見た甲子園球場の風景。「自分もあの場所に立つ。その一心で」(長崎)重圧をはねのけてきた。

昨年10月の台風19号でグラウンドが浸水し、整備やボランティア活動のため約3週間練習ができなかった。新型コロナの影響で甲子園中止が決まった際にはチームがばらばらになりかけた。

さまざまな逆境を乗り越えて成長し、準優勝という確かな足跡を残した。試合終了直後には明るさを向いていた選手も、閉会式が終わるころには明るさを取り戻した。悔いなく終われた」。塚田も「最高の仲間と一番長い夏を過ごせた。この経験を大事にする」と笑顔を輝かせた。

常田「この負けを糧に」

飯山の先発常田は高校最後のマウンドを経験した右腕は、5回7失点。1年前に甲子園のマウンドを踏むという目標の優勝を逃し、「ここで(略)

五回佐久長聖無死一、三塁のピンチでマウンドの先発常田(中央)のもとへ集まる飯山ナイン

七回佐久長聖無死三塁、飯山は野沢のスクイズで本塁を狙った三(略)

TEAM		飯山							AV		HR	
									UMPIRE			
4 5 6 7 8 9 10	R	H	E	1 2 3 4 5 6 7 8 9		PL 1B 2B 3B LL RL						
0 4 0 2 0 0	9	12	1	5 H 4 2 7 3 9 8 1								
0 0 0 0 0	0	2	3									

テージに向けて頑張る」とさらなる活躍を誓った。

8月5日の準々決勝、8日の準決勝で完投した疲れもあり、最速146キロを誇る直球の切れを欠いた。一回は4球で簡単に2死を奪ったが、中前打で走者を出すと「クイックを意識しすぎた」。制球を乱し、連打を浴びて3失点。「右肘に張りを感じた」という五回は、試合を決定付ける4点を失った。

決勝こそ悔しい結果になったが、大黒柱としてチームをけん引した。他校の厳しいマークを受ける中、新球種のカットボールを駆使した巧みな投球が光った。

閉会式後、「プロ志望届を出す」と明言。2、3日間の休養を挟み、練習を再開するという。「上では甘い球は通用しない。この負けを糧にレベルアップしたい」と言葉に力を込めた。

閉会式後に仲間とダイヤモンドを一周する飯山の鈴木輝俊選手(先頭)

台風19号の被災を経て…

飯山3年・鈴木選手が感謝のプレー

飯山の5番左翼手で出場した3年の鈴木輝俊選手(17)は、昨年の台風19号で飯山市の自宅が被災。最後の夏で力を振り絞り「何不自由せずに野球に打ち込めたのは家族のおかげ」と語った。

台風では千曲川支流の皿川が氾濫し、自宅は床上約85センチまで浸水。学校を約1週間休んで復旧作業をした。被災3日後の10月16日の誕生日には、野球部の仲間たちが訪ねてきてくれた。他の選手たちも、昨夏の甲子園出場時に市民から受けた応援への恩返しで、市内のボランティア活動に参加。練習を再開したのは被災約1カ月後だった。

今年5月、自宅1階部分の改修のため、市内の仮設住宅へ。甲子園大会の中止で気持ちが切れかかったが、「地元への恩返しを」とやる気を取り戻した。

決勝は3打席全て三振。「いいところを見せられなかった」と悔しがったが、父靖史さん(56)は「最後まで楽しそうに野球をやっている姿を見ることができて良かった」。

飯山から9奪三振で完封した佐久長聖の梅野

「長聖に来て良かった」涙

佐久長聖・藤原主将

マネジャー1人を含む3年生52人で臨んだ佐久長聖をまとめた藤原太郎主将(18)は、閉会式であふれる涙を何度も拭った。奈良県出身。最初の夏は1年生でただ一人ベンチ入りし、甲子園の土を踏んだが、昨夏は2回戦で松商学園に敗退。秋の北信越大会は準決勝止まり。最後の甲子園へのチャンスだった。

練習が再開されても「ただ練習しているだけという雰囲気もあった」チーム。代替大会優勝に目標を変え、チームで意識を共有すべく仲間を叱咤《しった》してきた。今大会、全6試合で3年生は入れ替わりで全員がベンチ入り。初経験の舞台に緊張気味の選手には声を掛けて回り緊張をほぐした。

「甲子園がなくても甘えず、一生懸命やってこられた。後輩たちにも自分もやらなきゃ、と思えてもらえたら」。試合後、藤原主将は仲間たちに胴上げされ、3度宙を舞った。「長聖に来て、本当に良かった」

笑顔で胴上げされる佐久長聖の藤原主将

閉会式後、一緒に記念写真に納まる佐久長聖、飯山の選手たち

準決勝 8/8・長野オリンピックスタジアム

飯　山 3–2 上田西

上田西	0	0	0	2	0	0	0	0	0	2
飯　山	0	0	0	1	1	1	0	0	X	3

(上)阿部、三石、島田、阿部―小林（飯)常田―佐藤留
▶本塁打（飯)塚田

地力示した飯山の逆転劇

2失点完投した常田(中央)を中心に決勝進出を喜ぶ飯山ナイン

上田西		打	安	点	振	球
⑧	水出	2	0	0	0	2
④	原	3	1	0	0	0
⑥	高寺	4	0	0	0	0
③	清水	4	1	0	0	0
⑨	竹下	4	1	2	2	0
⑤	中村	4	1	0	2	0
①71	阿部	4	1	0	2	0
②	小林	2	0	0	1	1
⑦	佐藤	2	1	0	1	0
1	三石	0	0	0	0	0
H	杉原	1	0	0	1	0
1	島田	0	0	0	0	0
7	斎藤	0	0	0	0	0

犠	盗	失	併	残	打	安	点	振	球
2	2	1	0	6	30	6	2	9	3

飯山		打	安	点	振	球
⑤	長崎	4	0	0	2	0
⑨	湯川	4	0	0	0	0
9	清水	0	0	0	0	0
④	塚田	3	1	1	0	1
②	佐藤留	4	1	0	1	0
⑦	鈴木	3	1	0	1	1
③	田中	4	2	1	1	0
⑥	関	3	1	0	0	0
①	常田	2	0	0	1	0
⑧	馬場	3	1	1	1	0

犠	盗	失	併	残	打	安	点	振	球
1	1	0	0	6	30	7	3	7	2

㈢竹下、馬場、佐藤留
▽試合時間1時間43分

投手	回	打	安	振	球	責
阿部	5 1/3	24	7	6	1	3
三石	2/3	2	0	0	0	0
島田	1 1/3	5	0	1	1	0
阿部	2/3	2	0	0	0	0
常田	9	35	6	9	3	2

【評】飯山は少ない好機を逃さなかった。2点を先制されたが、直後の四回に塚田のソロ本塁打で1点を返し、五回1死二塁から馬場の二塁打で同点。六回には1死から佐藤留、鈴木、田中の3連打で勝ち越した。エース常田は変化球を主体にした投球で相手打者に的を絞らせず、後半は直球で押して2失点完投した。

上田西は四回2死一、三塁から竹下の二塁打で2点の先制に成功したが、エース阿部がピンチで踏ん張れず、打線も援護できなかった。

●飯山・馬場（五回に同点二塁打）「リードは許したけれど、気負わずに楽な気持ちで打席に入った。難しい球だったが、体が勝手に反応した」

●上田西・高寺（無安打に終わり）「悪くない当たりもあったけれど、変化球に対応できなかった。自分が打っていれば勝てたかもしれない」

進化のエース 2失点完投

最後の打者を空振り三振に仕留めた背番号1は、まだ余力がありそうな涼しい表情だった。飯山のエース常田は、準々決勝まで4割6分5厘の高打率を残した上田西を2点に抑える117球の完投。「きょうは疲れもなく、最後まで自分のペースで投げられた」と心地よさそうに笑った。

直球の最速は146キロを誇るが、序盤はほとんど投げなかった。「相手は積極的に振ってくる。それなら三振を狙うより打たせて取る方がいい」。変化球主体の投球で打者のタイミングを外し、三回まで三者凡退に打ち取る完璧な立ち上がりを見せた。

四回に変化球を狙い打たれて2点を先制されたものの、冷静さは失わなかった。中盤以降、少しずつ直球を増やし、昨秋から習得に励んできたカットボールも効果的に織り交ぜながら打者を翻弄《ほんろう》。「秋までは直球とスライダーが中心だったけれど、中間の（球速の）カットボールで相手が戸惑っていた」と捕手の佐藤留。八回2死三塁のピンチも4番清水をカットボールで一ゴロに打ち取った。

昨秋の県大会準々決勝の上田西戦は、球数が100球を超えた八回に7失点し、逆転負けした。昨夏までは2人の先輩投手に頼ることもできたが、吉池監督から「今年は一人で投げ抜く力が必要。動く球で打たせ、球数を減らすことも大切」と助言され、投球の幅を広げてきた。

甲子園大会にはつながらないが、チームが目標に掲げる2年連続の夏の大会制覇まであと1勝。「去年の決勝はいいピッチングができた。今年はそれを超えるピッチングをしたい」という言葉に大黒柱の自覚と覚悟がにじんだ。

六回飯山1死一、三塁、田中が右前に勝ち越しの適時打を放つ（投手阿部、捕手小林）

上田西　あと1本出ず

「去年の夏も飯山に負けた。今年は自分がエースとしてゼロに抑えたかったが…」。救援登板した昨夏の長野大会準決勝でも飯山に0―3で敗れている上田西の阿部は、悔しさをかみしめるように振り返った。飯山の常田との投げ合いで踏ん張りきれず、六回途中3失点でマウンドを譲った。

四回上田西２死一、三塁、竹下の右中間二塁打で一走清水（中央）が一気に生還（捕手佐藤留、次打者中村④）

準々決勝で直球が荒れた反省もあり、この日は制球を重視。セットポジションから130キロ台の直球でコーナーを突いた。序盤を無失点で乗り切ると、四回2死一、三塁から「しっかりミートして逆方向に打てた」という竹下の右中間二塁打で貴重な先制点が入った。

しかし、直後に1死から3番打者に左翼芝生席に運ばれ、「勢いに乗らせてしまい、じわじわ追い上げられた」と吉崎監督。やや球威が落ちた直球を狙われて五回に同点打、六回には勝ち越し打を許した。阿部は「ピンチで抑えきれるか。そこが勝敗を分けたと思う」と視線を落とした。

昨秋の県大会準々決勝で常田を攻略した打線も、この日は変化球主体の配球に対応しきれなかった。「いつものように（打線が）つながらなかった。あと一本が出せなかった」と主将の清水。県内の公式戦では昨秋から無敗を続けてきた上田西の夏が終わった。

四回上田西2死一、三塁、竹下が右中間に先制の2点適時二塁打を放つ（捕手佐藤留）

佐久長聖 好機逃さず一気

八回佐久長聖１死満塁、横田（左）が投前スクイズを決め三走楠（中央⑬）が３点目の生還

準決勝 8/8・長野オリンピックスタジアム

佐久長聖 9－2 東京都市大塩尻

佐久長聖	0	0	0	1	0	0	0	6	2	9
都市大塩尻	0	0	0	1	0	0	0	1	0	2

（佐）羽毛田、梅野―横田　（都）成田、城倉、武居―松田
▶本塁打　（都）紅林

【評】佐久長聖は相手投手の乱調で得た好機を確実にものにした。同点の八回、藤原の二塁打を足場にした1死一、二塁から連続四死球で勝ち越すと、横田のスクイズで追加点。四球で再び満塁とした後、山田が走者一掃の二塁打を放った。九回も3長短打で2点を加え、突き放した。2番手で登板した梅野が粘り、流れを引き寄せた。

　東京都市大塩尻は1点を追う四回に紅林のソロ本塁打で追い付いたが、その後の1死二、三塁を逸機。城倉が八回に突然制球を乱し、つかまった。

●**佐久長聖・野沢**（四回に先制適時打）「無得点が続き、二回には自分のエラーもあったので打ちたかった。初球の甘い球をうまく打てた」
●**東京都市大塩尻・紅林**（四回に同点のソロ本塁打）「甘い球を積極的に狙っていた。より高いレベルを経験するため、大学でも野球を続けたい」

「後半集中」主将の一打呼び水

両校投手陣が力投し、1―1のまま迎えた八回。佐久長聖の先頭の藤原が「落ちてくれ」と念じた飛球は、外野手と内野手の間にぽとりと落ちる二塁打に。「練習では常に『後半集中』とみんなで言い続けてきた。ワンチャンスで点を取る」。こう話した主将の一打が大量点の呼び水となった。

1死後、この日3安打と当たっていた楠が申告敬遠で歩かされると、続く小山は死球で満塁。動揺した相手バッテリーから押し出し四球で勝ち越すと、「ここはどうしても3点目が欲しい」という藤原監督が動いた。

8番横田は「頭の中でスクイズがあるかなと思っていたら監督からサインが出た」。1ストライクからの2球目をきっちり投前に転がして大きな1点を奪うと、さらに四球で2死満塁。山田が「チームを楽にすることだけを考えた。一球一球に集中していた」と5球目を左翼線に運ぶ走者一掃の適時二塁打を放ち、一気に畳み掛けた。

チームにとって大きな意味を持つ一戦だった。5月に代替大会の開催が決まると、藤原監督は「3年生にとっては努力の発表の場」と位置付け、マネジャー1人を含む52人の3年生全員をベンチ入りさせる方針を選手に伝えた。ベンチ入りできるのは20人までという規定があり、試合ごとに大幅にメンバーを入れ替えながら勝ち上がるのは至難の業。それでも「3年生全員で優勝」(藤原主将)と強い結束力で勝ち抜き、この日の準決勝で全員がベンチ入りを果たした。

「全員が公式戦を経験し、これで決勝は3年生が心一つになって戦える」と藤原主将。2年ぶりの夏の頂点へ。最高の状態で決戦に挑む。

八回佐久長聖2死満塁、山田が左翼線に走者一掃の適時二塁打を放つ

六回佐久長聖1死二塁、野沢の右飛で飛び出していた二走楠(左)を二塁で併殺。遊撃手宝(右)

佐久長聖		打	安	点	振	球
⑨	山田	5	3	3	0	0
⑤	花村	4	0	0	1	0
H5	大洞	1	0	0	1	0
④	藤原	4	2	0	0	1
⑦	堀	4	0	0	1	0
7	中野	1	1	0	0	0
⑧	楠	4	3	0	0	1
③	小山	3	1	0	1	1
R	野溝	0	0	0	0	0
3	上島	1	1	0	0	0
⑥	野沢	4	2	4	0	1
②	横田	4	1	1	0	0
①	羽毛田	1	0	0	0	0
1	梅野	1	0	0	0	1

犠	盗	失	併	残					
2	2	3	1	8	37	14	8	4	5

都市大塩尻		打	安	点	振	球
⑥	宝	5	2	0	1	0
②	松田	5	2	0	1	0
④	紅林	5	3	1	0	0
⑧	清水	3	0	0	0	1
③7	熊井	3	2	0	0	1
①3	成田	3	0	0	2	0
⑦	小山	1	0	0	0	0
H	神戸	1	0	0	1	0
1	城倉	1	0	0	1	0
H5	花村	1	1	1	0	0
⑤	塩原	3	0	0	1	0
H	北松	1	0	0	0	0
1	武居	0	0	0	0	0
⑨	降幡	3	0	0	0	0
H	井原	1	0	0	0	0

犠	盗	失	併	残					
1	0	2	2	10	36	10	2	7	2

三野沢 二楠、藤原、山田、中野 暴成田、城倉
▽試合時間2時間33分

投手	回	打	安	振	球	責
羽毛田	2 2/3	11	3	2	0	0
梅野	6 1/3	28	7	5	2	2
成田	4	17	6	3	0	1
城倉	4	21	5	1	5	5
武居	1	6	3	0	0	2

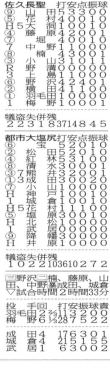

八回佐久長聖1死満塁のピンチに、マウンドの城倉（中央）のもとへ集まる都市大塩尻ナイン

都市大塩尻 攻めきれず

東京都市大塩尻は毎回走者を出し、何度も主導権をつかみかけた。しかし、主将の塩原が「勝負どころで攻めきれなかった」と語ったように、あと一本に泣いた。

一回1死一、三塁の先制機は、4番清水が「打ち気にはやって低めの球に手を出して」遊ゴロ併殺。先制された直後の四回は紅林の右越えソロ本塁打が飛び出し、その後も相手の失策や四球などで1死二、三塁と攻めたが連続三振で逸機した。

五回から救援して好投を続けた2番手の城倉も、八回の先頭藤原に二塁打を浴びると、「無失点に抑えたい一心で周りが見えなくなった」。申告敬遠一つを含む4四死球と長打などで、試合を決定付ける6点を奪われた。

塩原主将は「流れをつかめていれば結果は違ったかも…」と悔しさを隠しきれなかった。だが一戦ごとにベンチ入り選手やオーダーを入れ替える総力戦で勝ち進み、長島監督は「大会を通して成長したと思う」と、4年ぶりにベスト4進出を果たした選手たちをねぎらった。

四回都市大塩尻無死、右越えに同点の本塁打を放ち一塁を回る紅林

仲間がいたから… 都市大塩尻3年・小山選手

東京都市大塩尻3年の小山颯斗選手(17)は、7番左翼手で公式戦初のスタメン出場。折れかけた気持ちを支えてくれたのは仲間だった。

5月に甲子園大会中止が決定。練習はしていても地に足がついていないのを感じ、いっそ受験勉強に専念すべきでは、とも迷った。同級生のほぼ全員が代替大会優勝を目指す意思を示す中、自分の迷いを仲間に言えなかった。

6月上旬、小学生の頃からのチームメイト塩原高大主将(17)に打ち明けた。「強要はできないけれど、(颯斗と)最後まで一緒に野球をやりたい」と言われ、迷いが吹っ切れた。

4回戦、延長十三回に代打出場して放った同点打は高校生になって初めての公式戦ヒット。準決勝では四回途中で交代、1打席だけだったが充実感にあふれていた。

上田西 執念見せて逆転

10回上田西無死二、三塁、中村の中犠飛で三走阿部（右）がサヨナラの生還。ナインが大喜びで迎える

準々決勝 8/5・長野オリンピックスタジアム

上田西 3―2 松商学園

松商学園	0	1	0	0	1	0	0	0	0	0	2
上田西	0	0	0	0	1	0	0	0	1	1x	3

延長十回
（松）長野―依田（上）阿部、三石、島田―小林大
▶本塁打（松）菱田

九回2死から同点延長サヨナラ

主将の一振りがチームをよみがえらせた。上田西は1点を追う九回2死二塁、4番の清水が右翼線に運ぶ値千金の同点適時二塁打。「チャンスで迷惑をかけたので打つしかない」と、執念の一打で逆転勝利への望みをつないだ。

エース阿部が五回までに2点を奪われ、打線は毎回走者を出しながら逸機を繰り返した。五回に原の適時二塁打で1点を返したものの、吉崎監督が「長野君が粘り強かった」と振り返ったように完全に松商学園ペースだった。

清水も諦めかけた。五回1死一、二塁は一ゴロの凡退。七回1死一、二塁の好機は最悪の二ゴロ併殺。「やってしまった。何とかもう一度打席を回してくれ」と仲間を信じて祈った。すると九回、水出からの連打などで打順が巡ってきた。「真っすぐを待っていたけれど、何とか変化球に反応できた」と、

【評】上田西が終盤に集中力を発揮してサヨナラ勝ち。1点を追う九回2死二塁から清水の二塁打で追い付くと、延長十回無死二、三塁から中村の中犠飛で決着をつけた。六回から救援した三石と島田が無失点の好投で流れを引き寄せた。

松商学園は二回に保田の適時打で先制し、五回に菱田のソロ本塁打で加点。優位に試合を進めたものの、長野が最後につかまった。

九回上田西２死二塁、右翼線に同点二塁打を放つ清水（投手長野、捕手依田）

松商学園		打	安	点	振	球
④	田所	6	0	0	2	0
⑦9	菱田	4	2	1	1	1
⑧	二村	4	0	0	1	1
③	辻	3	0	0	1	2
②	依田	5	1	0	3	0
⑥	高崎	3	1	0	0	2
⑨	保田	3	1	1	1	1
7	大沢	1	0	0	0	0
⑤	夜久	4	1	0	1	1
①	長野	3	0	0	1	2

犠盗失併残
０４２３14366２1110

上田西		打	安	点	振	球
⑧	水出	3	1	0	1	1
④	原	5	3	1	1	0
⑥	高寺	3	2	0	0	2
⑤3	清水	5	1	1	1	0
⑨	竹下	4	2	0	0	1
①7	阿部	5	3	0	0	0
⑦	佐藤	2	1	0	1	0
1	三石	1	0	0	1	0
H	久保敷	1	0	0	1	0
1	島田	0	0	0	0	0
H	堀内	1	1	0	0	0
③	杉原	2	0	0	0	0
5	中村	2	0	1	0	0
②	小林大	4	1	0	0	0

犠盗失併残
２１１０1338１５３６４

二高崎、原、阿部、清水 暴長野 逸小林大
▽試合時間２時間59分

投手	回	打	安	振	球	責
長野	9⅓	44	15	6	4	3
阿部	5	26	4	9	8	2
三石	3	12	1	1	1	0
島田	2	8	1	1	1	0

●**松商学園・菱田**（五回に右越えソロ）「後ろにつなげば点が入るという強い気持ちで打席に入った。いい投手（阿部）から打てて素直にうれしい」

1ボールからの2球目を仕留めた。

土壇場で追い付いた上田西は延長十回、無死二、三塁から中村が「（清水が）同点にしてくれた。ここで決める」と中犠飛を放ち、接戦に決着をつけた。

3年生29人で臨む。清水は「当初は仲間に厳しいことを言えず、チームをまとめられなかった」と語る。吉崎監督から助言も受け、「チームのために3年生全員で厳しいことを言い合おう」と伝えて結束を強めてきた。誰よりも厳しい姿勢でチームを鼓舞してきた主将は「3年間練習してきたことを、あの一打に込めました」と大きくうなずいた。

松商　あと一本出ず

1点リードの九回2死二塁、松商学園のエース長野は「アウト一つを取ることに必死だった」。2球目の甘く入ったカットボールを右翼線に運ばれた。「改めて1球の怖さを知った」と足立監督。夏の公式戦としては3年ぶりとなる4強入りがするりとこぼれ落ちた。

八回まで10安打を浴びながら1失点と粘りの投球を続けたが、「投げきる体力がなかった」と長野。延長十回に2連打と暴投で無死二、三塁のピンチを招くと、最後は外野に運ばれて力尽きた。「チームメートに申し訳ない」と責任を背負い込んだ。

打線は二回に保田の適時打、五回に菱田のソロ本塁打で先手を取ったものの、畳み掛けることはできなかった。初戦から長野が一人で投げてきたこともあり、主将の田所は「長野が打たれて負けたら仕方がない。打線がチャンスで一本という課題を克服できなかった」。足立監督は「バッテリーは本当に良く頑張ってくれた」とねぎらった。

二回松商学園一死2塁、中前に先制打を放つ保田

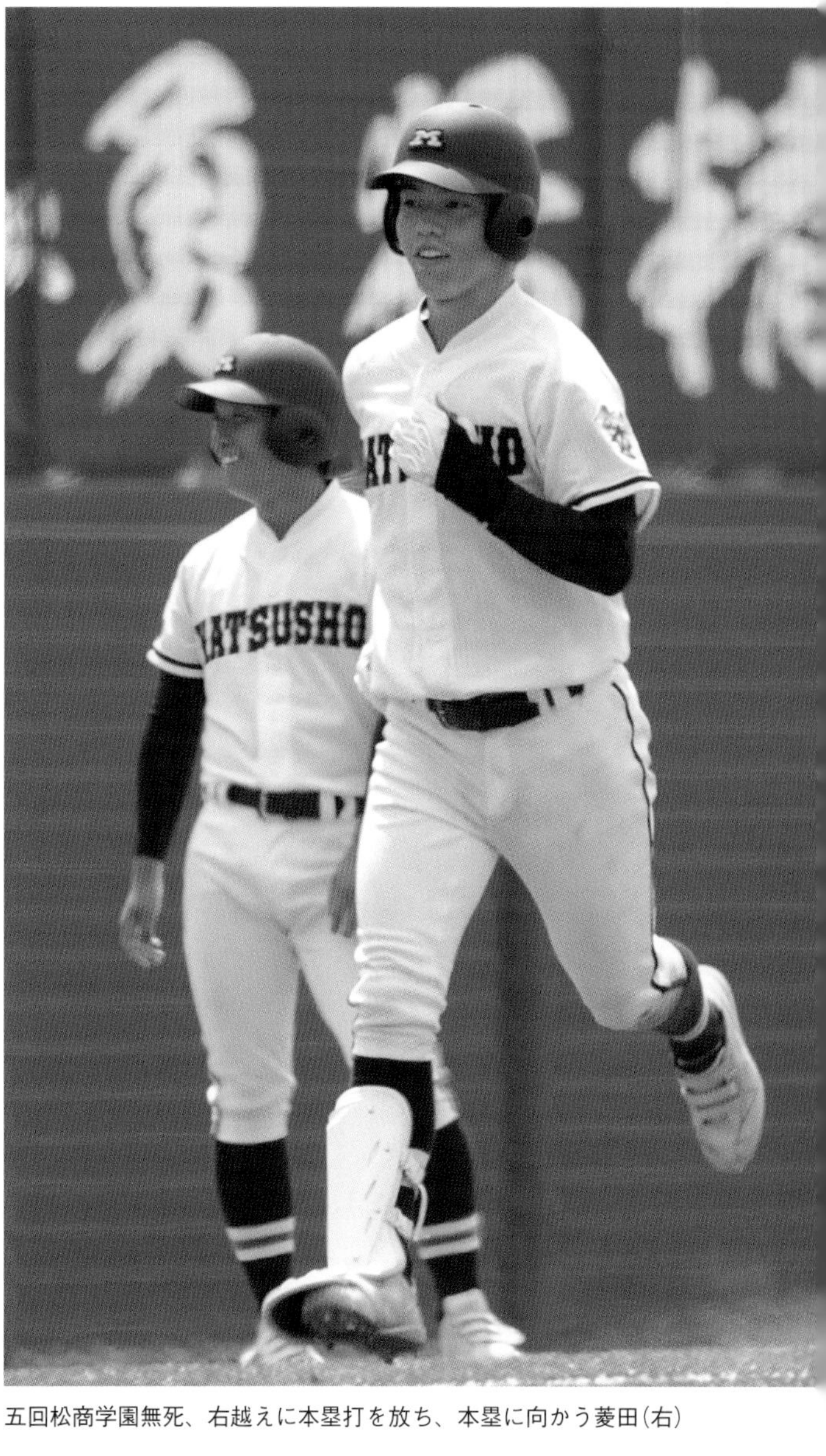

五回松商学園無死、右越えに本塁打を放ち、本塁に向かう菱田(右)

「父を超えたい」センバツ準優勝OBの2人の子

松商学園3年・辻一塁手、二村中堅手

松商学園3年の辻大輝一塁手と二村兼登中堅手＝ともに(17)＝は、1991年に同校が春のセンバツで準優勝し、夏の甲子園で8強入りした時の主力メンバーを父に持つ。父を超えることを目標にしてきた甲子園大会の中止で喪失感も味わったが、高校最後の公式戦をチーム一丸で戦いきった。

辻選手の父利行さん(46)は高校時代は捕手、二村選手の父武さん(46)は三塁手。父親の活躍をビデオなどで見た二人は自然に野球を始め、松商への進学を決めた。

夏の甲子園大会の中止決定で無気力に襲われたが、顔を上げて今大会優勝を目指し、白球を追ってきた。試合は延長サヨナラ負け。ともに中軸ながら無安打だった二人は「チャンスで一本出せず、ふがいない」と悔しがったが「松商でやってきて良かった」。スタンドで見守った父親二人は立ち上がり、わが子とその仲間たちの健闘を拍手でたたえた。

飯山 積極性で激戦制す

六回飯山１死一、三塁、馬場（左）のスクイズで三走田中（中央右）が勝ち越しの生還を果たす

準々決勝 8/5・長野オリンピックスタジアム

飯山 7—6 岡谷南

	1	2	3	4	5	6	7	8	9	計
飯山	1	0	0	1	0	4	0	1	0	7
岡谷南	0	0	0	2	0	0	2	0	2	6

（飯）常田―佐藤留 （岡）依田、山岸、星野―小松

【評】飯山は六回1死一、三塁から馬場がスクイズ（記録は内野安打）を決め、その後の2死満塁から塚田の走者一掃二塁打で4点を勝ち越した。2点差に迫られた直後の八回、関の犠飛で再び点差を広げた。先発の常田は疲れの見えた七回以降に計8安打を浴びるなど苦しんだが、16奪三振の力投で完投した。

岡谷南は九回に長短4安打を集めて1点差まで追い上げたが、あと一歩及ばなかった。

果敢にタッチアップ 絶妙スクイズ

最後の打者を三振に仕留めた常田がほっと息をついた姿が、戦いの厳しさを物語っていた。昨夏の長野大会を制した飯山は、岡谷南の猛反撃をかわして2年連続の4強入り。吉池監督は「かなり苦戦したけれど、チームとしていい経験ができた」としたたる汗をぬぐいながら胸をなで下ろした。

常に先手を取れたことが最終的に効いた。1点リードの四回は、1死から三塁打で出た9番馬場が長崎の浅い右飛で「1点欲しい場面。足には自信があった」とタッチアップから果敢に本塁を陥れた。

直後に追い付かれたが、六回は1死一、三塁から再び馬場が「スクイズのサインで驚いた」と振り返りつつ、三塁線

飯山		打	安	点	振	球
⑤	長崎	2	1	1	0	2
⑥	関	4	1	1	1	0
④	塚田	5	3	3	1	0
②	佐藤留	4	1	0	0	1
⑦	鈴木	4	1	1	1	1
③	田中	4	1	0	0	0
H	村松	1	0	0	0	0
3	坂本	0	0	0	0	0
⑨	湯川	5	1	0	1	0
①	常田	5	1	0	0	0
⑧	馬場	4	3	1	1	0

犠	盗	失	併	残	打	安	点	振	球
3	2	3	0	11	38	13	7	5	4

岡谷南		打	安	点	振	球
⑧	島津	4	2	1	2	0
④	中沢	3	1	0	2	0
H4	今村	2	1	1	0	0
②	小松	4	2	2	1	1
⑨1	星野	4	1	0	0	1
⑦	五味	4	1	1	2	1
⑤	金子	2	0	0	1	0
H5	花岡典	1	0	0	1	0
⑥	篠原	1	0	0	1	1
H	林	1	1	0	0	0
6	佐藤	1	0	0	1	0
①	依田	2	0	0	2	0
19	山岸	2	1	0	1	0
③	高橋	3	0	0	1	0
H	矢島	1	0	0	1	0

犠	盗	失	併	残	打	安	点	振	球
2	4	2	0	8	35	10	5	16	4

三馬場、山岸 二塚田、林、馬場 逸佐藤留
▽試合時間2時間30分

投手	回	打	安	振	球	責
常田	9	41	10	16	4	4
依田	5⅓	27	8	3	1	5
山岸	2	12	5	0	2	2
星野	1⅔	6	0	2	1	0

に転がす絶妙なセーフティースクイズ（記録は内野安打）を決めて勝ち越し。さらに2死満塁から塚田が「甘い直球をしっかり仕留められた」と左中間を破る走者一掃の適時二塁打を放って畳み掛けた。

甲子園に初出場した昨夏のチームと比べ、「打つだけなら破壊力は上」と吉池監督。一方で、「比較したくはないが、去年のメンバーに比べてみんな『俺が、俺が』という意識が強い」という。

8日の準決勝は、昨秋の県大会準々決勝で5―3から逆転負けした上田西に挑む。塚田は「常田が抑えてくれると思うので、しっかり守って打線も力を発揮したい」。前年優勝校のプライドを胸に雪辱を期した。

九回岡谷南２死三塁、小松が左前に適時打を放ち、１点差に迫る

岡谷南　猛追及ばず

昨夏の準々決勝で飯山に0―6で敗れた岡谷南が、終盤に猛烈な追い上げを見せた。六回まで2安打に抑えられていた飯山のエース常田から七、九回に計8安打で4得点。1点差での惜敗に、倉坪監督は「甲子園でも投げている投手。ここまで点を取れると思っていなかった」と驚き交じりに振り返った。

最大の見せ場は3点を追う九回だった。先頭の山岸が「絶対に逆転する」と左中間への三塁打で出塁。1死後、真ん中の変化球を捉えた島津の左前打で2点差。さらに2死三塁から「何でもいいからつなぐという意識だった」という小松も左前に運び、1点差に迫った。

打力で劣る分、こつこつと安打を積み重ねる攻撃スタイル。常田から2安打2打点を挙げた小松は「チームとしてつなぐ意識で、いい打撃ができた」と悔いのない様子だった。

七回岡谷南２死一、三塁、今村が左前に適時打を放つ（捕手佐藤留）

●**岡谷南・篠原主将**「打力がないチームが逆転の一歩手前まで追い上げることができた。全員が力を出し切る気持ちでプレーできた」

元マネジャー　弟の活躍見守る

岡谷南ＯＧ・五味さん

岡谷南の5番左翼でフル出場した五味大晴《たいせい》選手(17)の姉で短大生の海温《みおん》さん(19)は、2018年夏に同校が4強入りした際のマネジャー。弟の姿に「ただ『お疲れさま』と声を掛けたい」と感極まった様子で話した。

5月中旬、短大のある神奈川県で夏の甲子園と県大会の中止を知った。6月中旬に帰省した時、久しぶりに会う五味選手は黙々と自主練習に打ち込み、頼もしかった。チームは3年連続で準々決勝進出を果たした。

試合は2点を追う四回裏、五味選手の適時打で1点を返した。1点差に追い上げた九回裏2死二、三塁の打席で三振。海温さんは「本当にやりきったと思う」と話した。

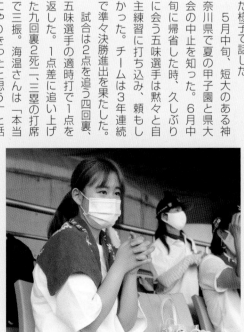

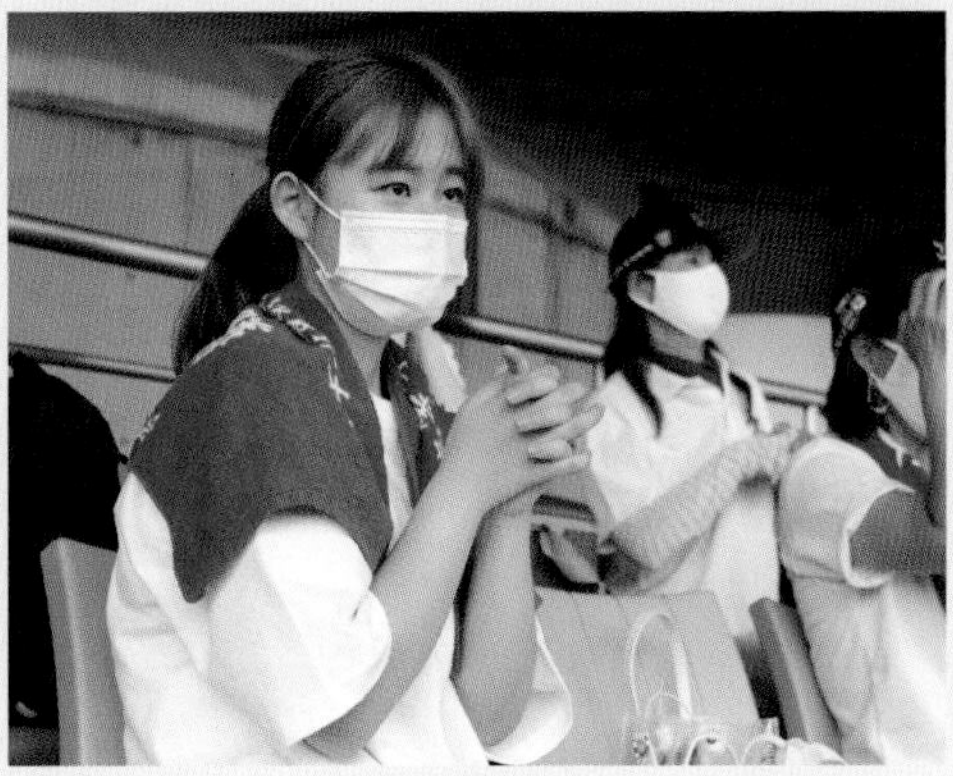

九回裏、打席に立つ五味選手を祈るように見つめる姉海温さん

都市大塩尻
全員の力結実

三回都市大塩尻１死二、三塁、左中間に２点適時三塁打を放つ清水（三走松田⑫）

準々決勝 8/6・長野オリンピックスタジアム

東京都市大塩尻 6－2 長野日大

長野日大	0	0	0	2	0	0	0	0	0	2
都市大塩尻	0	0	4	0	1	0	1	0	X	6

（長）栗木、落合、山岸―清水（都）成田、城倉―松田

【評】東京都市大塩尻は三回、1死一、二塁から松田の適時打で先制すると、その後の二、三塁から清水が2点三塁打を放ち、一挙4得点。五、七回にも清水の適時打で加点し、流れを手放さなかった。先発成田は球威のある直球で押し、城倉との継投で2失点に抑えた。

長野日大は3併殺を喫するなど拙攻が響き、四回に清水の適時打などで2点を返すにとどまった。

長野日大		打	安	点	振	球
⑥	丸山和	3	0	0	1	1
⑧	高山	4	1	0	1	0
④	西村	4	1	0	0	0
⑦	荒井	4	1	0	0	0
⑨	丸山慶	4	0	1	0	0
⑤	井口	3	0	0	0	0
H	福水	1	0	0	0	0
②	清水	3	1	1	1	0
③	太田	3	0	0	0	0
①	栗木	2	1	0	1	0
1	落合	0	0	0	0	0
H	綿貫	1	1	0	0	0
R	小河原	0	0	0	0	0
1	山岸	0	0	0	0	0

犠	盗	失	併	残	打	安	点	振	球
0	0	1	1	4	32	6	2	4	1

都市大塩尻		打	安	点	振	球
⑥	宝	3	1	0	0	1
②	松田	3	2	1	0	0
④	紅林	4	1	1	1	0
⑧	清水	4	3	4	0	0
①3	成田	4	0	0	1	0
③7	熊井	3	0	0	0	1
⑨	降幡	2	0	0	0	0
1	城倉	0	0	0	0	2
⑦9	柿沢	4	1	0	1	0
⑤	塩原	4	1	0	0	0

犠	盗	失	併	残	打	安	点	振	球
1	2	2	3	6	31	9	6	3	4

三 清水（都）、紅林 二 栗木、清水（都）

▽試合時間1時間58分

投手	回	打	安	振	球	責
栗木	5	24	6	2	2	5
落合	2	9	3	1	1	1
山岸	1	3	0	0	1	0
成田	5	20	4	2	1	0
城倉	4	13	2	2	0	0

●**都市大塩尻・宝**（三回、1死一塁で先制につながるバント安打）「前の打者が送りバントを失敗していたので、相手は頭にないと思って意表を突いた」

●**長野日大・西村主将**「初回に点を取れなかったことが大きかった。大事なところで一本が出せず、終盤の粘り強さも出せなかった」

三回都市大塩尻1死一、三塁、紅林の内野ゴロの間に三走宝が2点目の生還（捕手清水）

三回都市大塩尻1死一、三塁、紅林の内野ゴロの間に三走宝が生還しガッツポーズ。2―0とリード

日替わりのオーダー　起用に応える

「（選手起用の）ポイントはエネルギーに満ちあふれているかどうか」。4回戦から打線を組み替えた東京都市大塩尻の長島監督の采配が見事に当たった。

期待に応えたのが4番に抜てきされた清水。2回戦はベンチ外だったが、8番で起用された4回戦で先制の本塁打を放ち、「思い切りがいい」（長島監督）と中軸を任された。

だが、本人は落ち着いていた。「もともと4番を打つタイプじゃない。つなぐだけ」。三回、松田の左前適時打などで2点を先取し、なお1死二、三塁で「相手投手は変化球の制球に苦しんでいるように見えたので直球を狙った」と初球をたたき、左中間を破る三塁打。五、七回にも適時打を放ち、3安打4打点の活躍を見せた。

4回戦から先発マスクをかぶる2年生の松田も2番起用に応える2安打1打点。今大会4試合は全て異なる先発オーダーだが、それぞれが持ち場で仕事を果たし、粘り強く勝ち上がってきた。

転機は6月の上田西との練習試合。「甲子園が中止となり、試合に臨む気持ちが一人一人違っていた」（塩原主将）と大敗を喫した。長島監督から「代替大会で優勝を目指すのか、思い出づくりで終わるのか話し合え」と言われ、3年生だけのミーティングで優勝への思いを確認した。塩原は「そこから一人一人が自分の役割を考えるようになった」と強調する。

「選手同士の力の差がないチーム。『背番号が欲しい』とか、そういう欲を捨てて一生懸命になれるかが鍵だった」と指揮官。準決勝の相手は、昨秋の県大会2回戦で0－5と完封された佐久長聖。「また打線を変えると思いますよ」と不敵に笑った。

長野日大　痛かった逸機

4回戦までの全3試合をコールドで勝ち上がってきた長野日大だったが、この日は東京都市大塩尻の2投手に6安打2得点に封じられ、佐野坂監督は「思った以上に球威があった」。夏の公式戦では8年ぶりとなる4強入りに届かなかった。

痛かったのは三回だ。1死から栗木が二塁打で出塁したが、続く丸山和の中堅への飛球で飛び出して帰塁できず併殺。「前に落ちると思った。自分の走塁ミスで流れを渡してしまった」と栗木。直後のマウンドで4点の先制を許し、相手に主導権を握られた。

直後の四回に「早く点を取り返したかった」という清水の左前適時打などで2点を返したものの、投手が代わった六回以降は散発2安打。六回1死一塁で三ゴロ併殺に倒れた丸山慶は「ただただ力不足だった。チームでやろうとしていたことができなかった」と悔しさを隠せなかった。

六回都市大塩尻1死一、二塁、長野日大は遊ゴロ併殺でピンチを脱する（遊撃手丸山和=左、二塁手西村）

四回長野日大2死一、二塁、清水が左前に適時打を放ち、2点目を返す

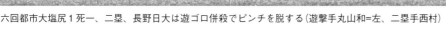

佐久長聖 投打で圧倒

準々決勝 8/6・長野オリンピックスタジアム

佐久長聖 15－0 下伊那農

	1	2	3	4	5	6	7	計
佐久長聖	3	1	1	0	0	1	9	15
下伊那農	0	0	0	0	0	0	0	0

一回佐久長聖２死三塁、右翼に適時打を放ち一塁を駆ける上島（中央）

七回コールドゲーム
（佐）羽毛田、中村、川中子、立石、梅野一横田
（下）小木曽、鎌倉、筒井一沢柳

【評】 佐久長聖が投打ともに圧倒した。一回に上島の適時二塁打などで3点を先制すると、二回に花村の適時打で加点。七回には8長短打を集める打者14人の猛攻で大量9点を奪った。5投手による小刻みな継投で下伊那農を零封した。
下伊那農は打線が4安打にとどまり、四、六回にあった2死一、三塁も逸機。守備でも踏ん張ることができなかった。

三回佐久長聖１死三塁、野沢（中央）がスクイズを決め、４－０とする

狙い通り 序盤に得点主導権握る

「試合の入りが何よりも大事。アップが初回、ノックが二回だと思い込みながら全員で気持ちを高めた」と佐久長聖の藤原主将。狙い通りに序盤の得点で主導権をがっちりつかみ、夏の大会で56年ぶりに8強入りした下伊那農の勢いを止めた。

一回、1死から花村が死球で出塁し、藤原が「真っすぐに張っていた」と投手強襲の内野安打で好機を広げた。四球による満塁から相手の失策などで2点を先制すると、2死三塁から上島が「逆方向への意識が結果につながった」と右前に落とす二塁打を放ち、3点目を挙げた。

二回は、2死二塁で花村が「信頼する中軸につなぐ意識だった」と右前適時打。三回は先頭楠のバント安打から1死三塁とし、「どんな形でも毎回得点するのが自分たちの今の目標。迷いはなかった」という野沢のスクイズ（記録は内野安打）で1点をもぎ取った。

「初戦（2回戦）は序盤に点が取れずロースコアの接戦にしてしまった。その反省が生かされている」と藤原。試合を重ねるごとに序盤の得点を増やし、この日も相手守備の隙を見逃さずに得点を奪った。序盤のリードで余裕が生まれ、投手陣の球数を抑えられたことも好材料だった。

準決勝で対戦する東京都市大塩尻は、昨秋の県大会で完勝した相手。しかし、藤原主将は「良い投手が多いので接戦になる。ひたむきに、泥くさく戦い抜きたい」。大勝しても気を緩める気配はなかった。

下伊那農　充実の夏

「一つずつ勝ち上がってきて、ここまでこられた。佐久長聖とも全力で戦えた」。結果的に大敗したものの、夏の公式戦では56年ぶりとなる準々決勝の舞台で戦った下伊那農の近藤主将の言葉には充実感が漂った。

一回に四死球とエラーが絡んで3失点。投打とも相手に上回られた中で、三回から救援した鎌倉が試合を落ち着かせた。「（エースの）小木曽の分まで抑えてやる」と奮起。緩急を駆使し、六回まで4安打2失点と粘った。打線は四、六回とも2死から近藤が四球で出塁し、「3年間練習してきた結果が出せた」という原田が安打で好機を広げたが、いずれも得点にはつながらなかった。

昨夏の長野大会は、個々の力がありながら初戦（2回戦）で塩尻志学館に0－12で大敗した。「今年はチーム全体で勝とうという意識があった。そういう団結力があったからここまでこられたと思う」と松島監督。選手たちの成長ぶりを感慨深げに見つめていた。

四回下伊那農２死一塁、原田が左前に適時打を放つ

佐久長聖		打	安	点	振	球
⑨	山田	5	1	1	1	0
1	梅野	0	0	0	0	0
⑤	花村	3	3	2	0	2
④6	藤原	4	2	1	0	0
⑦	堀	3	1	2	0	2
⑧	楠	5	3	2	0	0
③	上島	2	2	2	0	2
⑥	野沢	3	1	1	1	0
H	伊藤	1	1	2	0	0
4	大洞	0	0	0	0	0
②	横田	4	1	1	0	1
①	羽毛田	1	1	0	0	0
H	井田	1	0	0	0	0
1	中村	0	0	0	0	0
1	川中子	0	0	0	0	0
H	竹内	1	0	0	0	0
1	立石	0	0	0	0	0
H9	玉井	1	1	0	0	0

犠盗失併残
33008　34　17　14　2　7

下伊那農		打	安	点	振	球
⑧	山田	3	0	0	0	0
⑥14	鎌倉	3	0	0	0	0
②	沢柳	3	0	0	2	0
⑤6	近藤	1	0	0	0	2
⑨	原田	3	3	0	0	0
③5	中島	2	0	0	0	0
①	小木曽	1	0	0	1	0
3	英	2	0	0	1	0
④	松下	2	0	0	1	0
1	筒井	1	0	0	0	0
⑦	林雄	2	1	0	1	0
H	塩沢	1	0	0	1	0

犠盗失併残
10516　24　4　0　7　2

二上島2、花村、山田（佐）堀　暴鎌倉
▽試合時間1時間45分

投手	回	打	安	振	球	責
羽毛田	3	10	1	3	0	0
中村	⅔	4	1	0	1	0
川中子	1⅓	5	1	2	0	0
立石	1	5	1	1	1	0
梅野	1	3	0	1	0	0
小木曽	2	13	5	0	2	3
鎌倉	4⅓	24	9	2	3	8
筒井	⅔	7	3	0	2	3

●下伊那農・小木曽（先発して2回4失点）「いいコースに投げているつもりだったけれど、力強い打球を飛ばされた。打者に向かっていけなかった」

下伊那農に拍手　夏の公式戦56年ぶり8強

夏の公式戦としては1964（昭和39）年以来56年ぶりに8強入りを果たした下伊那農。佐久長聖に敗れたが、選手の奮闘にスタンドや地元から惜しみない拍手が送られた。

球場では保護者約50人が試合を見守った。3年マネジャーの山上晏里《あんり》さん（17）の父で野球部OBの正俊さん（50）は「一致団結して戦った後輩たちを誇りに、うれしく思う」。3安打と活躍した3年原田大聖《たいせい》選手（17）の母香里さん（51）は「全打席出塁の姿を見ることができて大満足」と喜んだ。

野球部OB会長を務めた球場に行けなかった中塚正さん（72）は、自宅で快進撃を見守り「野球を楽しむ後輩たちの姿が見られた」と晴れ晴れとしていた。

試合後、健闘した下伊那農の選手たちに拍手を送る保護者

下伊那農の試合を高森町の自宅で見守る中塚さん

球児へ精いっぱいの拍手

コロナ禍の大会―試合・応援で球場の雰囲気一変

金属バットの打球音、好プレーへの惜しみない拍手が響き渡るが、勝っても校歌に声を合わせられない……。新型コロナウイルスの感染拡大の影響で中止になった高校野球長野大会の代替大会として7月18日から東北中南信の4球場で始まった「2020年度夏季高校野球長野県大会」。吹奏楽も交えたヒッティングマーチや歓声であふれるはずのスタンドは一変。球児や入場を許可された保護者の反応は「野球ができるだけでうれしい」「やっぱり声を出して応援したい」とさまざまだった。

試合終了後、校歌が流れる中、観客のいないスタンドを背に無言で整列する長野俊英の選手たち＝開幕日の７月18日、長野オリンピックスタジアム

1回戦に臨んだ高遠の松崎友紀主将（3年）は、例年より静かな雰囲気に「最初は練習試合かと思った」。松本第一の田中健太監督も「十分に経験を積んでいるはずの選手たちも、戸惑っている感じはあった」と話した。

それでも、プレーできる喜びは大きい。長野オリンピックスタジアムで延長サヨナラ勝ちを決めた長野俊英の後藤秀斗主将（3年）は、仲間と思わずハイタッチ。「なかなか試合ができなくてつらかった。楽しくて、勝ったうれしさの余り、つい……。次からは気を付けます」と苦笑い。勝って流される校歌に耳を傾けた中野西の浦野慶介主将（3年）は「開催されないかもしれないと思っていた。聞けただけでもうれしい」と感慨深そうだった。

保護者も、人数制限に従い「間隔をとって着席」「応援は座ったままで拍手が基本」との条件で精いっぱい応援。下諏訪向陽の3年生部員の母、日野敬子さん（58）は「普段はメガホンで声援を送るが今年はできない。もう、祈るしかなかった。本当は声を出したい」。大町岳陽の応援に来た大町市の会社員堀宗妙《むねただ》さん（44）

試合終了後、校歌が流れる中、間隔を空け無言で整列する中野西の選手たち＝７月18日、長野オリンピックスタジアム

同世代へエール―小諸高の〝合奏〟
3年生の「栄冠は君に輝く」動画　音楽科が制作

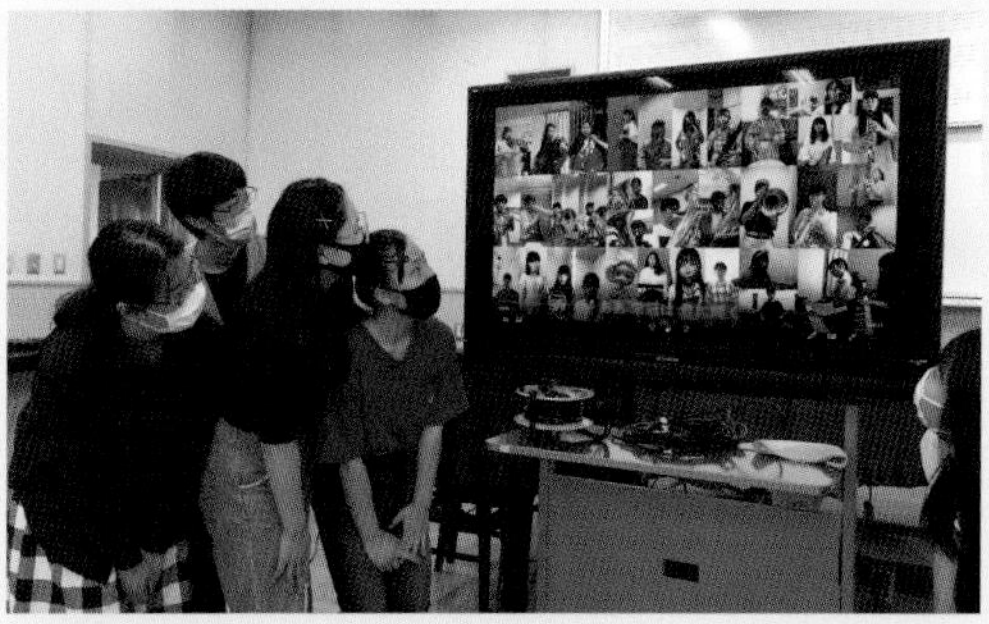

完成した「栄冠は君に輝く」の動画を見る小諸高校音楽科の３年生たち＝７月13日、小諸高

小諸高（小諸市）音楽科は７月13日、３年生生徒が演奏した夏の全国高校野球選手権の大会歌「栄冠は君に輝く」の動画を動画投稿サイト「ユーチューブ」で公開した。新型コロナウイルスの影響で部活動の成果を発表する機会がなくなった運動部や文化部など、同世代へのエールという。

動画は３分40秒余で、35人が歌や管・弦・打楽器の演奏で参加した。休校が明けた６月から準備。感染予防で個別に学校や自宅で演奏を録画し、編集した。動画の始まりと終わりは35分割された画面に全員を映し、途中は数人ずつに分けて演奏の様子を入れた。

13日は公開を前に３年生が１時間目の授業の中で動画を鑑賞し、見終えると大きな拍手が起きた。音楽科の井出玲子教諭（51）は「息の合った合奏に聞こえるよう、それぞれが楽譜に忠実な演奏をするなどした。いい経験になった」と話した。

「応援の気持ちを伝えられるよう、演奏の合間に笑顔でいるようにした」とフルートの瀬川紗音《すずね》さん（18）。「人前で演奏するのが好きなので（動画を）いろいろな人に見てもらえるのが楽しみ」と期待していた。

マスクを着け、少し間隔を空けながらグラウンドの選手たちに向け拍手する松本第一の保護者＝７月18日、松本市四賀球場

は「大勢で応援したかったが　できないと思っていた試合ができ、子どもの節目が見られてうれしい」と話した。

感染拡大防止指針に従って開催

今大会は、日本高野連が都道府県独自大会の開催に当たって作成した「感染防止対策ガイドライン」に基づき、試合は無観客での開催が原則。ただし、応援の野球部員のほか、保護者の入場も人数制限を設けて認めることとし、球場の収容人員や観客席の広さに応じ、長野オリンピックスタジアムは１チーム最大50人、上田県営、佐久総合運動公園、しんきん諏訪湖、綿半飯田、松本市四賀の５球場は同30人までに制限した。４回戦まで４地区に分かれて行うのも、選手、関係者の移動に伴う感染リスクを軽減するためだ。

ガイドラインでは参加校・選手にも▽起床後の検温と検温確認表の提出▽水分補給で飲み回しをしない▽円陣は密集を避ける▽マウンド上で集まる時はグラブを口に当てる▽素手でのハイタッチ、握手を控える▽球場には前の試合のチームが球場から退場した後に入場する―などを求めており、試合では間隔を空けての整列、校歌は歌わないといった光景も見られた。

このほか、報道陣にも検温のほか「試合後の取材はスタンドが基本」「取材相手と２メートル以上離れ、最小限にする」、また進路関係者（スカウト）にも「指示した場所で視察する」などが求められた。

高校野球の新型コロナウイルス関連の動き（全国・長野県）

3・4	日本高野連が第92回選抜大会（センバツ）の通常開催断念、無観客実施に向けた準備要請を決定
3・11	日本高野連がセンバツの中止決定
4・12	北信越地区高野連が第142回春季北信越大会（６月、会場長野県内）の中止決定
4・14	県高野連が第142回春季北信越県大会と各地区予選の中止決定
5・20	日本高野連が第102回全国選手権大会（夏の甲子園大会）と、出場権を懸けた長野大会を含む地方大会の中止を決定
5・27	日本高野連が都道府県独自大会開催に当たっての感染防止対策ガイドライン作成
6・10	日本高野連が甲子園交流試合の開催発表。センバツ出場に選ばれていた32校を招待
6・12	県高野連が全国選手権長野大会の代替として、東北中南の各地区ごとの大会と、上位８校によるトーナメントで優勝校を決めるチャンピオンシップの開催発表。大会名は「2020年度夏季高校野球長野県大会」
6・26	県高野連が長野県大会の応援について球場ごとに人数制限を設けた上で、保護者の入場を認める方針
7・2	長野県大会の開催要項発表。サブタイトル「思いを咲かせ　この一瞬に」発表
7・3	長野県大会の組み合わせ決定
7・18	長野県大会が開幕
8・2	長野県大会４地区での１～４回戦終了、各地区代表２チームずつベスト８決定
8・5	長野県大会準々決勝以上のトーナメント開幕
8・10	長野県大会決勝、佐久長聖が２年ぶり長野県頂点／甲子園交流試合が開幕

＊印はシード校

東信A代表 上田西

東信B代表 佐久長聖

上田西＊ / 蓼科・坂城 / 小諸 / 上田千曲 / 小海 / 上田 / 地球環境 / 岩村田 / 上田染谷丘＊ / 小諸商＊ / 野沢北 / 丸子修学館 / 軽井沢 / 野沢南 / 佐久平総合 / 上田東 / 佐久長聖＊

東信

1～4回戦

延長決着 小諸10回一挙5点

小諸		打	安	点
④6	舟田	4	1	1
⑥5	小林龍	3	1	2
③	岡本	5	2	0
②	遠藤	5	2	1
⑦9	高橋駿	4	0	0
⑤	篠原大	2	1	0
R	篠原令	0	0	0
4	小平	1	0	0
⑧	八嶋	4	0	1
①	柳沢	2	0	0
H	竹花	0	0	0
R	望月	0	0	0
1	荻原	2	2	1
⑨7	塚原	2	1	0

振	球	犠	併	残	打	安	点
6	11	1	1	7	34	10	6

蓼科・坂城		打	安	点
④	藤塚	5	0	0
⑤	高野	5	0	0
②	田中	5	1	0
③	佐藤	5	2	0
⑧	岩下	5	3	0
⑦	服部	4	0	1
⑥	山口	5	3	0
⑨	松沢	4	1	0
①	湯本	4	1	1

振	球	犠	併	残	打	安	点
7	1	1	3	10	42	11	2

[二]岩下[盗]小2連2[失]小4連2[暴]湯本3
▽試合時間2時間31分

投手	回	打	安	失
柳沢	7	28	8	1
荻原	3	16	3	3
湯本	10	46	10	9

延長10回小諸1死二塁、遠藤の右前打に敵失が絡み、勝ち越しの生還を果たして雄たけびを上げる二走岡本（手前左）

1回戦 7/18・上田県営球場

小諸 9－4 蓼科・坂城

	1	2	3	4	5	6	7	8	9	10	計
小諸	0	0	0	0	0	1	0	3	0	5	9
蓼科・坂城	0	0	0	0	0	1	0	0	3	0	4

延長十回 （小）柳沢、荻原―遠藤 （蓼）湯本―田中

若い力奮闘し打線つながる

小諸のスタメンは3年生が1人、2年生が6人、1年生が2人という若いチーム。九回に3点リードを追い付かれる嫌な展開だったが、直後の十回に打線がつながった。

1死から1年生の岡本がこの日2本目の安打で出塁。続く遠藤の初球が暴投となり、1死二塁の得点機が訪れた。

六回の先制点や八回の勝ち越し点は1年生の小林龍が挙げており、2年生の遠藤は「後輩が頑張ってつないでくれた。自分たちが（走者を）かえさないといけない」と2球目の直球を振り抜いた。打球は右前に落ち、外野手が処理を誤る間に二走の岡本が生還した。勢いは止まらず、連続四死球や荻原の適時打など打者一巡の攻撃で一挙5点を奪った。

2回戦の相手は、昨秋の県大会優勝校の上田西。遠藤は「良い雰囲気で次戦にいける。挑戦者として思い切りプレーする」と言い切った。

●**小諸・塚原主将**「ミスが出た後でも（チームが）引きずらなかったことが勝因。次の上田西戦に向け、まずは自分たちのプレーに集中する」

●**蓼科・坂城・湯本投手**「味方が点を取ってくれたのに失点し、悔しさしかない。連合チームを組んでくれた蓼科のみんなには感謝している」

小諸2人でけん引し「夏」1勝
3年生は主将とマネジャーのみ

開幕日の第1試合で小諸が初戦を突破した。小諸は3年生が塚原勇士《はやと》主将（17）と、副キャプテンも兼務する土屋希佳《ののか》マネジャー（17）のみ。2人でチームを引っ張り、勝利を引き寄せた。塚原主将は練習中のけがなどでやめることを考えた時期もあったが「野球が好き」との思いで続けてきた。いつも話を聞いてくれた土屋さんに「振り回してしまったこともあるが、今は感謝しかない」と試合前に告げた。

試合は九回裏、蓼科・坂城連合に追い付かれ延長戦に。十回表、小諸が5点を追加して制した。次は強豪上田西。土屋さんは「次は強豪校だが、スローガンの『挑戦』を大事にしたい」と語った。

バッターボックスで構える塚原主将

長聖 上田東に勝利

2回戦　7/18・上田県営球場

佐久長聖 3－1 上田東

上田東	0	0	0	0	1	0	0	0	0	1
佐久長聖	0	0	0	0	0	2	0	1	X	3

（上）大塚、山本－村越　（佐）羽毛田、梅野－横田

五回上田東２死三塁、山口が中前適時打を放ち先制する

●佐久長聖・野沢（六回に逆転の2点適時打）「何とか（走者を）かえしたいという思いだった。頑張っていた投手を助けられて良かった」

●上田東・村越（2安打の3年生）「頑張ってきた2年半の気持ちを（バットに）伝えられた。良い試合はできたが、やっぱり負けは悔しい」

上田東		打	安	点
⑥	西沢	4	1	0
④	高木	2	0	0
⑧	小林	3	0	0
③	水野	4	0	0
②	村越	4	2	0
⑨1	山本	2	0	0
①7	大塚	4	0	0
⑤	山口	3	1	1
⑦9	市川	2	0	0
H9	甘利	1	1	0
振球犠併残	8 2 3 0 6	29	5	1

佐久長聖		打	安	点
⑨	山田	4	0	0
H	今沢	0	0	0
9	阿部	0	0	0
⑤	花村	2	0	0
H5	土居	2	2	0
R	丸山	0	0	0
5	北村	0	0	0
④	藤原	3	1	0
⑦	堀	2	1	0
⑥	野沢	3	1	2
⑧	中野	3	2	0
③	岩堀	2	0	0
1	梅野	1	0	0
②	横田	4	1	0
①	羽毛田	1	0	0
H3	小山慶	3	1	0
振球犠併残	2 5 1 0 9	30	9	2

二西沢、藤原 盗上0長3 失上0長2 暴山本 ▽試合時間1時間55分

投手	回	打	安	失
大塚	5⅓	24	5	2
山本	2⅔	12	4	1
羽毛田	5	18	3	1
梅野	4	16	2	0

丸子修学館 久々の夏1勝

丸子修学館が夏は4年ぶりとなる1勝を挙げた。昨夏は1回戦で大町岳陽に1―2でサヨナラ負けしており、「夏に勝つのは難しい。1球で試合が決まってしまう」と胸に刻んできた保科。この日は4番打者としてチーム最多の4打点で打線をけん引した。

失策絡みで先制を許した直後の一回だ。1死二、三塁から保科は「何としても点を取りたかった」と、初球の高め直球を左前へ運ぶ逆転の2点適時打。三回にも左翼へ2点二塁打を放ち、「打撃の調子が上がっていた」と結果で示した。

終わってみれば13安打15得点と圧倒し、「全員野球でやっている。次の試合も連打、連打でつないでいけるようにしたい」と主将の田村。打力に自信を深め、3回戦は昨秋の県大会8強の小諸商に挑む。

一回丸子修学館１死二、三塁、保科が左前に先制の２点適時打を放つ

2回戦　7/19・上田県営球場

丸子修学館 15－1 軽井沢

軽井沢	1	0	0	0	0	1
丸子修学館	7	0	7	1	X	15

五回コールドゲーム　（軽）宮久保―内堀　（丸）相場―田村

●丸子修学館・相場（2安打1失点の2年生右腕）「チームのために投げることを意識した。次は四球に気を付け、リズム良く投げたい」

●軽井沢・宮久保（大量失点に）「ストライク先行でいこうと思ったが、ブルペンと感覚が違った。四球が多くなり、自分から崩れてしまった」

軽井沢 後輩に託す「単独で夏1勝」

2回戦に臨んだ軽井沢は、選手10人のうち7人が引退する。単独チームでの出場は一区切り―との決意で悲願の「夏1勝」を目指したが、力及ばず敗退。「いつかみんなの目標を達成してくれ」と後輩に思いを託した。

部員数低迷で2017年まで他校連合での出場が多かったが、現在の3年生はこの状況に奮起。中学時代から知人同士で誘い合って軽井沢へ進み、18年からは単独出場を続けてきた。昨年、一昨年と逃した夏1勝を期して〝集大成の舞台〟に挑んだが、初回に先制するも丸子修学館打線の前に1―15で敗れた。

軽井沢の3年、ネウパネ長谷川ひら主将は試合後「少ない部員だからこそのチームワークを見せたかった」と唇をかんだが「この仲間と実のある3年間を過ごせたことに後悔はない」と話した。

試合中、マウンドに集まって声を掛け合う軽井沢の選手

軽井沢		打	安	点
⑧	杉本	2	1	0
⑤	山本	3	0	0
⑥	土屋	2	0	0
⑨	ネウパネ長谷川	2	0	0
①	宮久保	2	1	0
②	内堀	2	0	0
③	小林	2	0	0
④	荻野	2	0	0
⑦	猪口	2	0	0
振球犠併残	6 1 0 0 4	19	2	0

丸子修学		打	安	点
⑧	竹花	2	0	0
④	宮島	2	2	1
②	田村	4	1	2
⑦	保科	4	2	4
⑤	加藤	2	2	2
H9	笹野	0	0	0
③	村井	4	2	2
①	相場	3	1	0
⑥	松沢	3	1	1
⑨	室賀	3	2	1
5	久保田	0	0	0
振球犠併残	5 6 0 0 6	27	13	13

二加藤、保科、村井、宮島 盗軽1丸5 失軽3丸2 暴宮久保2 ▽試合時間1時間22分

投手	回	打	安	失
宮久保	4	33	13	15
相場	5	20	2	1

上田西アーチ2発

2回戦 7/19・上田県営球場

上田西 18－0 小諸

上田西	3	1	2	4	8	18
小諸	0	0	0	0	0	0

五回コールドゲーム
（上）阿部、小田、滝沢―小林大、三富（小）松濤、小平、荻原―遠藤 ▶本塁打（上）清水、小林陽

上田西			打	安	点
⑧		水出	5	3	0
④		中村	3	2	1
4		堀内	1	1	1
⑥		高寺	2	0	0
⑤		清水	4	3	4
⑨		竹下	2	2	0
H	7	久保敷	1	1	2
①		阿部	1	0	1
H		大井	1	1	1
R		原沢	0	0	0
7	9	斎藤	1	1	0
⑦		松川	2	1	3
1		小田	1	1	2
1		滝沢	0	0	0
②		小林大	2	1	0
H	2	三富	1	0	0
③		杉原	1	0	0
3		小林陽	2	2	2

振球犠併残
1 4 3 1 4 30 19 17

小諸			打	安	点
④	6	舟田	1	0	0
⑥		小林	0	0	0
4	14	小平	2	0	0
③		岡本	1	0	0
H	3	竹花	1	0	0
②		遠藤	2	1	0
⑧	48	八嶋	1	1	0
⑨		高橋駿	2	0	0
①		松濤	1	0	0
81		荻原	1	0	0
⑤		篠原大	1	0	0
⑦		塚原	2	0	0

振球犠併残
2 4 0 1 4 15 2 0

三小田 二竹下、堀内 盗上1小2 失上1小4 暴阿部、小平
▽試合時間1時間40分（中断13分）

投手	回	打	安	失
阿部	3	11	0	0
小田	1	5	2	0
滝沢	1	3	0	0
松濤	2⅔	13	6	5
小平	2⅓	21	12	12
荻原	⅔	3	1	1

●上田西・小林陽（五回に2点本塁打）「打った瞬間に手応えがあった。公式戦では初めてのホームランで、めちゃくちゃ気持ち良かった」

●上田西・清水（一回に右中間へ3点本塁打）「来た球を思いっきり振った。初回に点を取れて、いい形で試合に入れて良かった」

●小諸・塚原主将「非常に悔しいというのが素直な気持ち。実力の差もそうだが、積極的になれなかった。最後に上田西と試合ができて良かった」

小諸商 左腕が零封

2回戦 7/18・上田県営球場

小諸商 7－0 野沢北

野沢北	0	0	0	0	0	0	0	0
小諸商	0	2	0	0	0	4	1x	7

七回コールドゲーム（野）中沢―駒村（小）土屋―小林

小諸商のエースナンバーを背負う土屋が7回2安打無失点の好投でチームを勢い付けた。一回に2安打を許したものの、直球と緩い変化球とのコンビネーションがさえ、二回以降は無安打に抑えた。

自身も二つのスクイズを決めた攻撃は、5番の加藤功が長打2本を含む3安打を放つなど中軸が全7安打。それぞれが役割を果たし、「いいスタートが切れた」と土屋。昨夏も先発マウンドを経験している左腕は、手応えを口にした。

野沢北		打	安	点
⑥	宮沢	3	1	0
⑦	堤	3	0	0
①	中沢	2	1	0
③	土屋侑	2	0	0
⑨	宮下	3	0	0
④	山田	2	0	0
⑧	柳沢	2	0	0
⑤	菊原	1	0	0
5	川上	1	0	0
②	駒村	2	0	0

振球犠併残
7 2 0 0 2 21 2 0

小諸商		打	安	点
⑦	内堀	4	0	0
⑥	伊部	4	0	0
⑤	上原	3	1	0
③	南村	3	3	0
⑧	加藤功	4	3	2
⑨	古越	2	0	1
②	小林	1	0	1
①	土屋	1	0	2
④	平林	2	0	1

振球犠併残
3 4 4 1 5 24 7 7

二加藤功2 盗野0小1 失野1小0
▽試合時間1時間36分

投手	回	打	安	失
中沢	6⅔	32	7	7
土屋	7	23	2	0

●野沢北・中沢主将「真っ向勝負し、中盤まで互角の勝負ができたのは良かった。ただ、みんなと少しでも長く野球をしたかった」

佐久平総合 猛攻18得点

2回戦 7/19・上田県営球場

佐久平総合技術 18－0 野沢南

佐久平総合	12	0	2	1	3	18
野沢南	0	0	0	0	0	0

五回コールドゲーム（（佐）佐藤梨、小林蓮、平林―山浦雄（野）飯嶋―佐々木英

一回佐久平総合技術1死三塁、山浦雄のスクイズで三走中嶋が先制のホームイン。（捕手佐々木英）

工夫重ねて2キャンパスの練習克服 佐久平総合技術

佐久平総合技術は、佐久市内にある2カ所の「キャンパス」でそれぞれ学ぶ生徒でつくるチームだ。他校と比べ全体練習の時間を取りにくい環境だが、練習に工夫を重ねて19日に5年ぶりの公式戦勝利を果たした。

同校は2015年4月に旧北佐久農業、臼田などを統合して開校し、浅間と臼田の2キャンパスがある。マネジャーを含め部員は各23人、9人。移動には車で片道20～30分かかるため、部員の時間管理を徹底。行事や授業の予定を把握して練習計画を立て、別々の練習では各選手が自身の課題に取り組んだ。浅間に通う3年の友野雷太主将(17)は「2キャンパスとはいえ一つのチーム。（別キャンパスは）意識していない」と話した。

準備運動をする佐久平総合技術の選手＝7月25日

1人で耐えた半年以上…単独チームに 野沢南

野沢南は半数が非部員の「助っ人」で構成されたチームで挑んだ。昨年秋からチーム発足の6月まで、正規メンバーは3年生の佐々木英慈《えいじ》主将(18)だけだったが、声掛けに応じた3年生3人、2年生2人の野球経験者が加わり、さらに1年生4人も入部して、単独出場が可能に。佐々木主将は試合後「緊張もあって初回に点を取られてしまった。最後は単独チームで試合ができて良かった」と振り返った。

佐久平			打	安	点
④		中嶋	3	3	3
⑧		富沢	4	1	1
②		山浦雄	3	2	3
③	9	友野	2	1	0
⑦		岩間	4	2	3
⑤		中島	2	2	4
①	3	佐藤梨	4	2	1
⑥		山浦拓	3	1	0
⑨		箕輪	3	2	1
1		小林蓮	0	0	0
1		平林	0	0	0

振球犠併残
3 5 5 0 5 28 16 16

野沢南		打	安	点
②	佐々木英	3	1	0
④	三石	3	0	0
⑥	山口	3	1	0
⑧	篠原	3	1	0
③	川井	2	0	0
⑦	佐々木宏	2	0	0
⑤	赤尾	2	1	0
⑨	大井	0	0	0
9	丸山	1	0	0
①	飯嶋	2	1	0

振球犠併残
5 1 0 1 7 21 5 0

三中嶋 二山浦雄2、岩間2、佐藤梨、中嶋 盗佐12野0 失佐1野8 暴飯嶋
▽試合時間1時間30分

投手	回	打	安	失
佐藤梨	4	19	5	0
小林蓮	⅓	1	0	0
平林	⅔	2	0	0
飯嶋	5	38	16	18

初回集中打 5年ぶり公式戦白星

佐久平総合技術は開校した2015年の夏以来となる公式戦勝利を18得点の猛攻で手にした。春秋の県大会東信予選を含め、初戦の壁に阻まれ続けてきたが、5年ぶりの白星をつかみ、主将の友野は「何回も悔しい思いをしてきた。率直にうれしい」とはにかんだ。

打者16人で10安打を集めて12点を奪った一回、打線に火を付けたのは1番中嶋だった。右前打に敵失も絡んで二塁に進むと、送りバントとスクイズで生還。この回2度目の打席では、2死一塁から右翼手の頭上を越える三塁打を放った。5打席全てで出塁し、「狙い球を絞っていけた。1番としてしっかり塁に出て、後ろにつなぐことができた」と胸を張った。

上田千曲の右腕が抜群の安定感 無四球完投

2回戦 7/24・佐久総合運動公園野球場

上田千曲 5―1 小海

小海	0	0	1	0	0	0	0	0	0	1
上田千曲	1	2	1	1	0	0	0	0	X	5

(小)黒沢―浅川 (上)斉藤―田島

自責点ゼロで完投した上田千曲の齋藤

上田千曲の先発斉藤は無四球、自責点0で完投。三者凡退が7度と抜群の安定感だった3年生は「直球も変化球もコースに決められた」と冷静に語った。

七回2死二、三塁のピンチは「ギアを上げて」、二ゴロで切り抜けた。新型コロナウイルスの影響による休校期間中も走り込んだという右腕は「最後までほとんど疲れを感じずに投げ切れた。やってきた成果が出た」。新井監督も「（斉藤の）強気の投球がチームを勢いづかせた」とねぎらった。

次戦は昨秋の県大会覇者の上田西と戦う。斉藤は「先制できるかが勝敗の鍵。初回の投球に全力を出したい」と誓った。

小海		打	安	点
⑥	山田	4	0	0
④	新津快	4	0	0
⑤	井出	3	0	0
H	土橋	1	0	0
②	浅川	4	1	0
⑧	清水陸	3	0	0
⑦	沖浦	3	1	0
⑨	島崎	3	1	0
③	鶴田	3	0	0
①	黒沢	3	1	0

振球犠併残
8 0 0 1 3 31 4 0

上田千曲		打	安	点
①	斉藤	3	1	0
⑥	宮下	3	1	1
⑨	村越	3	1	0
②	田島	2	1	2
⑤	山崎	3	1	0
④	依田	3	0	0
③	小林相	4	1	0
⑧	池内琢	4	1	0
⑦	山岸怜	4	2	1

振球犠併残
0 2 5 0 7 29 9 4

[二]島崎、田島、沖浦[盗]小1上0[失]小5上1[暴]黒沢▽試合時間1時間33分

投手	回	打	安	失
黒沢	8	36	9	5
斉藤	9	31	4	1

●小海・浅川主将「試合の入りは緊張からエラーが続いてリズムをつくれなかったが、積極的な走塁などの自分たちの持ち味は出せた」

感謝を胸に――
上田千曲 台風とコロナ乗り越え

野球ができるのは当たり前のことではない―。上田千曲の選手は、昨年10月の台風19号の経験を踏まえ、こんな思いで試合に臨んだ。

台風19号では、同校にほど近い千曲川左岸の堤防が崩れ一帯に避難指示が出て、4日間休校に。野球班などの生徒は、飯山市と長野市にある同校教諭の自宅や実家で泥出しなどを手伝った。また、今春、新型コロナウイルスの感染拡大で再び休校となり、全体練習できない苦しさが約2カ月続いた。再開後は一日一日を大切にしてきたという。

初戦で小海に勝利。田島立希《りつき》主将(17)は「試合の機会をつくってもらったことへの感謝の気持ちを抱いて臨んだ」と話した。

初戦を突破し、会場に流れる校歌を聞く上田千曲の選手

地球環境「こつこつと」

2回戦 7/24・佐久総合運動公園野球場

地球環境 7―0 上田

上田	0	0	0	0	0	0	0		0
地球環境	1	0	1	1	3	0	1x		7

七回コールドゲーム (上)杉原、青木―佐野 (地)関―坂本

地球環境は5犠打と小技を絡めて着実に加点し、上田にコールド勝ち。2016年秋以来の公式戦勝利に、主将の滝口は「やっと勝てた。うれしい」と喜んだ。

試合は雨が降る中で行われた。降雨コールドも考慮し、柳沢監督は「得点を積み重ねることが大事だと思った」とバントを指示。選手たちも「こつこつ点を奪うのも自分たちの野球」（滝口）と遂行した。四回の攻撃途中に一時中断となったが、再開を見据えてミーティングや選手同士の声掛けを続けた。滝口は「最後まで集中力を保てたのが勝因」と振り返った。

上田		打	安	点
⑧	菅野	3	0	0
①9	杉原	3	0	0
⑤7	淀川	3	0	0
⑨1	青木	3	1	0
②	佐野	3	1	0
⑦	篠原	2	0	0
4	堀込	1	0	0
⑥	牧内	2	1	0
③	伊藤	2	0	0
④	下田	1	0	0
H5	新海	1	0	0

振球犠併残
5 0 0 0 3 24 3 0

地球環境		打	安	点
⑥	竹田	4	3	1
②	坂本	3	1	0
④	宇賀神	3	1	1
⑨	滝口	4	0	0
①	関	3	1	0
③	内田	1	0	0
⑦	金田	2	2	1
⑧	大野	2	1	1
⑤	海老沢	3	1	2

振球犠併残
5 4 5 0 8 25 10 6

[三]坂本、竹田[二]竹田、海老沢[盗]上0地3[失]上1地0[暴]杉原、青木[逸]佐野▽試合時間3時間14分（中断1時間42分）

投手	回	打	安	失
杉原	4⅔	27	8	6
青木	1⅔	7	2	1
関	7	24	3	0

●地球環境・関（7回無失点）「最後までコントロール良く投げることができた。得点を重ねてリズムをつくってくれた味方に感謝したい」

●上田・杉原「雨で変化球をコントロールできていないことにもっと早く気づけばよかった。自分たちの野球はできたが力不足だった」

10回上田染谷丘2死二、三塁、左越えにサヨナラ打を放ち笑顔でナインに迎えられる小出（中央）

上田染谷丘 劣勢からサヨナラ

2回戦 7/24・佐久総合運動公園野球場

上田染谷丘 6―5 岩村田

	1	2	3	4	5	6	7	8	9	10	計
岩村田	0	0	0	0	4	0	0	0	1	0	5
上田染谷丘	0	0	0	1	0	0	0	1	3	1x	6

延長十回 （岩）土屋、五味―内藤 （上）花見、奈良本―中曽根
▶本塁打 （上）鳴沢

5―5の延長十回、上田染谷丘が2死二、三塁のサヨナラの好機をつくり、打席の小出は「自分が決めるという強い気持ちだった」。打球が左翼手の頭上を越えて三走鳴沢が生還すると、上田染谷丘の選手たちはわれ先にとベンチを飛び出した。小出は「打球の最後の伸びは仲間の声援のおかげ」と破顔した。

中盤から岩村田に3点のリードを許したが、終盤は東信第4シードの意地を見せた。八回に1点を返すと、再び3点差となった九回は「先輩たちと長く野球をしたい思いを乗せた」という2年生鳴沢のソロ本塁打が口火に。その後の打者も思い切り良くバットを振り、土壇場で追い付いた。

最後まで声掛けが活発で、中村監督は「選手を信じられた」。主将の甲田も「相手の流れになると意気消沈するのが負けパターンだった。最後の夏にチームとしての成長を見せられた」と喜ぶ。一丸で劣勢をはねのけ、甲田は「雰囲気は最高。次戦は序盤から主導権を握って勝ちたい」と意気込んだ。

●**岩村田・内藤主将** 「チームバッティングができなかった。自分たちの力不足で、後輩たちに公式戦の舞台を多く経験させられず悔しい」

岩村田		打	安	点
⑨1	五味	6	1	0
⑦	清水	4	2	0
②	内藤	5	2	1
③9	小林	2	0	0
①3	土屋	4	1	0
⑧	依田	3	2	1
⑥	菊池純	3	0	1
④	菊池優	2	0	0
H	有賀	1	1	2
R4	関	2	0	0
⑤	田村	5	0	0

振球犠併残
3 9 2 2 13 37 9 5

上田染谷		打	安	点
③	小出	3	1	1
④	池田	5	3	0
⑥	甲田	4	1	1
⑨	金沢	3	0	1
⑦	寺島	4	3	2
⑧	荒井多	5	1	0
⑤	鳴沢	4	1	1
①	花見	1	0	0
H	荻原	1	0	0
1	奈良本	2	1	0
②	中曽根	5	1	0

振球犠併残
6 8 1 0 11 37 12 6

［三］寺島、荒井多［二］池田2、依田［盗］岩2染0［失］岩0染0［暴］花見▽試合時間3時間0分

投手	回	打	安	失
土屋	8	33	6	2
五味	1 ⅔	13	6	4
花見	5	27	8	4
奈良本	5	21	1	1

大けが克服、気迫見せた 岩村田・内藤主将

岩村田の内藤士《たかし》主将は、練習中に負った大けがを克服し、初戦に挑んだ。捕手として冷静に指示を出し、五回表には同点適時打を放ってチームをけん引したが、上田染谷丘に延長十回サヨナラで敗れた。

4月8日の練習中、左腰に打球が直撃し、脾臓《ひぞう》を損傷。脾臓に血がたまり、何かぶつかれば破裂する仮性動脈瘤《りゅう》と診断されて手術を受け、3週間入院。6月初めから運動が認められ、少しずつ体力を戻した。

試合で打席に入る際に左脇腹を保護するプロテクターを着け、十回裏の守備ではファウルボールをフェンスぎりぎりまで追う気迫のプレーを見せた。試合後、「もう少し手が伸びていればつかめた。試合の流れが変わったかもしれない」と悔しさをにじませた。

適時打を放ち一塁へ走る内藤主将

初公式戦3年が打線つなぐ

3回戦 7/26・上田県営球場

佐久長聖 7―0 佐久平総合技術

	1	2	3	4	5	6	7	計
佐久平	0	0	0	0	0	0	0	0
佐久長聖	2	0	0	2	2	0	1x	7

七回コールドゲーム
（平）小林蓮、佐藤梨―山浦雄 （長）川中子、立石―横田

五回佐久長聖2死三塁、川中子の中前打で三走北原が生還、ハイタッチで喜ぶ

【評】佐久長聖は一回に高見の三塁打を足掛かりに2点を先制。四、五回はともに北原の適時三塁打などで計4点を追加して突き放した。

佐久平総合技術は2点を追う四回2死満塁の好機を生かせず、流れを引き寄せられなかった。

2回戦から16人のメンバーを入れ替えた佐久長聖がコールド勝ち。52人の3年生（うちマネジャー1人）全員のベンチ入りを目標の一つに掲げる藤原監督は「エラーもゼロだし、みんな本当によく頑張ってくれた」とたたえた。

気を吐いたのが、公式戦初出場の北原だ。2点リードの四回は、1死三塁から「大きい当たりは狙わず、とにかくつなぐ」と右翼線への適時三塁打。五回も低めの変化球をうまく捉えて右翼線に適時三塁打を放った。

「緊張したけれど、まだベンチ入りしていない3年生が次の試合に出るためにもつなぐ意識が強かった」と北原。東信地区の4強入りを決めたことで、秋季県大会東信予選のシード権も得た。3年生は「後輩に（財産を）残したい思いもあった。色々な『つなぐ思い』を持ってみんなで戦っている」と言葉に力を込めた。

●**佐久平総合技術・友野主将** 「投手が途中までよく踏ん張ってくれていたけれど、打線が援護できず、苦しい展開になってしまった」

佐久平総合		打	安	点
④	中嶋	3	0	0
⑧	富沢	3	0	0
②	山浦雄	3	1	0
⑨3	友野	2	0	0
⑦	岩間	3	1	0
③1	佐藤梨	3	0	0
⑤	中島	2	0	0
⑥	山浦拓	2	0	0
①9	小林蓮	2	0	0
9	箕輪	0	0	0

振球犠併残
5 1 0 1 3 23 2 0

佐久長聖		打	安	点
⑧	高見	3	2	0
H7	斉藤	2	0	0
④	大洞	3	2	1
4	奥山	2	2	1
③	上島	3	1	0
②	横田	2	1	1
⑦	小林星	2	0	0
78	蛭田	2	1	0
⑤	浅田	2	1	0
5	森田	1	0	0
⑨	須田	1	0	0
9	小林壮	2	1	0
R	上原	0	0	0
⑥	北原	4	3	2
①	川中子	2	1	2
1	立石	0	0	0
H	塩沢	0	0	0

振球犠併残
1 3 4 0 11 31 15 7

［三］高見、北原2［二］横田［盗］総0長1［失］総2長0［暴］小林蓮▽試合時間1時間36分

投手	回	打	安	失
小林蓮	3 ⅔	18	6	4
佐藤梨	3	20	9	3
川中子	5	18	2	0
立石	2	6	0	0

小諸商 打撃陣奮起

3回戦　7/26・上田県営球場

小諸商 6－1 丸子修学館

	1	2	3	4	5	6	7	8	計
丸子修学館	0	0	1	0	0	0	0	0x	1
小諸商	0	0	4	1	1	0	0		6

八回表降雨コールドゲーム
（丸）相場―田村（小）青柳、桜井―加藤哲　▶本塁打（小）加藤功

【評】小諸商は先制された直後の三回、2死満塁からの加藤功の三塁打などで4点を挙げて逆転。四回に1点を追加し、五回は加藤功が左越えソロ本塁打を放った。丸子修学館は八回1死満塁としたところで降雨コールドとなった。

●丸子修学館・田村主将（八回1死満塁で降雨コールドに）「ひっくり返せると思っていた。天候は仕方ないが、最後までやりたかった」

先制許すもきっちり逆転

降雨コールドゲームでの決着に、小諸商の竹峰監督は「相手のことも思えば、最後までやり切れる形でできれば良かったが…」。ただ、勝負という面ではシード校の実力をきっちり見せた。

三回に先制され、直後に打線が目覚めた。1死二塁で内堀は「きょうはバッテリーが1、2年生。打線が助ける」と甘い真っすぐを右前に運んで同点。さらに2死満塁から加藤功が三塁打を放って逆転すると、五回には再び加藤功が「しっかり捉えられた」と左翼芝生席にソロ本塁打をたたき込んだ。

甲子園で勝つチームを目指してきたが、コロナ禍で中止に。選手のショックは大きかったが、竹峰監督は「中止を悔しがる前に、代替大会で優勝して甲子園に行く資格があるチームだった―と証明しよう」と鼓舞し、選手たちは前を向いた。

4回戦は佐久長聖とのシード校対決。加藤功は「自分たちの野球をしっかり貫きたい」とヤマ場の一戦に臨む。

丸子修学館		打	安	点
⑧	竹花	3	0	0
④	宮島	3	0	0
②	田村	3	1	0
⑦	保科	3	0	0
⑤	加藤	2	0	0
③	村井	2	0	0
①	相場	3	0	0
⑥	松沢	2	1	0
⑨	室賀	1	1	0

振	球	犠	併	残	打	安	点
9	2	1	0	3	22	3	0

小諸商		打	安	点
⑦	内堀	4	2	2
⑥	伊部	4	0	0
⑤	上原	2	0	0
③	南村	3	0	0
⑧	加藤功	4	3	4
⑨	古越	4	0	0
④	平林	3	1	0
②	加藤哲	2	1	0
①	青柳	1	0	0
H	箕輪	0	0	0
1	桜井	0	0	0

振	球	犠	併	残	打	安	点
4	3	3	1	6	27	7	6

三加藤功2、室賀　盗丸0小5　失丸2小1
▽試合時間2時間51分（中断1時間18分）

投手	回	打	安	失
相場	7	33	7	6
青柳	6	22	3	1
桜井	1	3	0	0

丸子修学館主将の兄 弟にエール

八回表、1死満塁。丸子修学館の田村秀悟主将（18）に打順が回った時、雨で試合中断のコールが掛かった。試合は再開されず小諸商に敗れた。「ひっくり返せると思っていた。九回までやりたかった」と田村主将。丸子修学館野球部に今春入った弟優悟さん（16）に「昔の強かった伝統を取り戻してほしい」とエールを送った。

田村主将はチーム要の捕手として、ピンチの場面ではたびたび声を掛け仲間を鼓舞。5点差で迎えた八回表の打席が大きなチャンスだったが、1時間18分の中断を経て降雨コールドとなった。ファウルボールなどを拾うボールボーイとして兄のプレーを見つめた優悟さんは試合後、「頼もしかった」と話していた。

仲間に声を掛ける丸子修学館の田村秀悟主将

五回小諸商2死、加藤功が左越えに本塁打を放つ

上田西 6長打を得点に

初先発直訴の3年生好投

雨天順延の影響で、3回戦に勝つと2日連続の試合となる上田西。「(エースの)阿部を4回戦に向けるためにも誰(を先発)にしようか」と勘案していた吉崎監督に、3年生の山田が公式戦初先発を直訴した。起用に応えるように5回2/3を1安打零封した右腕は「気持ちを強く持って投げることができた」と汗を拭った。

冬から夏にかけて筋力トレーニングなどで体重を増やしたといい、昨秋は最速131キロだった球速が6キロアップ。序盤は直球で押し込み、四回以降は変化球主体の組み立てで打者を翻弄《ほんろう》した。「これからも粘って流れを持ってこられるようにしたい」。投手陣に頼もしい戦力が加わった。

3回戦 8/1・佐久総合運動公園野球場

上田西 9－2 上田千曲

	1	2	3	4	5	6	7	8	計
上田千曲	0	0	0	0	0	0	1	1	2
上田西	2	0	0	0	5	0	0	2x	9

八回コールドゲーム
(千)斉藤－田島 (西)山田、三石、権田、小田－小林、三富
▶本塁打 (西)阿部

無失点の好投を見せた上田西の先発山田

五回上田西2死二塁、右越えに2点本塁打を放った阿部が笑顔で生還(捕手田島)

【評】上田西が6本の長打を得点につなげて大勝。2点リードの五回に高寺の2点二塁打、阿部の2点本塁打などで5点を加え、突き放した。

上田千曲は六回まで1安打と打線が沈黙。七、八回に1点ずつ返したが、反撃が遅かった。

●上田千曲・山岸怜(七回2死一塁で適時二塁打)「真っすぐを狙った。打った瞬間に(外野を)越えると思った。打ててうれしかった」

●上田千曲・斉藤(五回に5失点)「二回以降は落ち着いて投げられていたが、2死二塁から2番打者に与えた四球がもったいなかった」

上田千曲		打	安	点
①	斉藤	4	1	0
⑥	宮下	2	0	0
⑨	村越	4	0	0
②	田島	2	0	0
⑤	山崎	3	0	0
④	依田	4	1	1
③	小林相	4	1	0
⑧	池内琢	4	0	0
⑦	山岸怜	3	1	1

振	球	犠	併	残			
8	4	1	2	9	30	4	2

上田西		打	安	点
⑧	水出	4	1	0
⑤	中村	2	0	0
⑥	高寺	4	3	3
⑦	阿部	3	2	3
7	岡宮	1	0	0
7	佐藤	0	0	0
⑨	竹下	4	1	0
②	小林	2	0	0
H2	三富	2	1	0
④	原	4	2	1
③	久保敷	2	1	1
H3	青山	1	0	0
H	杉原	1	1	1
①	山田	1	0	0
1	三石	0	0	0
H	中屋	1	0	0
1	権田	0	0	0
1	小田	0	0	0

振	球	犠	併	残			
2	1	2	0	4	32	12	9

[三]三富[二]水出、高寺2、山岸怜、杉原[盗]千1西2[失]千4西3
▽試合時間2時間1分

投手	回	打	安	失
斉藤	7 1/3	35	12	9
山田	5 2/3	22	1	0
三石	1/3	1	0	0
権田	1	5	2	1
小田	1	7	1	1

諦めない地球環境

九回に3点差詰め延長勝利

得点がないまま終盤に3点のビハインド。地球環境は万事休したかに見えたが、九回に粘りを発揮した。宇賀神の二塁打と四球などで無死一、三塁とすると、「狙い球を絞った」という関の三塁打で1点差に。1死後に金田のスクイズ(記録は内野安打)が決まり、試合を振り出しに戻した。

「打撃の状態を見て、スクイズしかないと思った」と柳沢監督。延長十一回、四球と内野安打などによる1死二、三塁で再びその局面が訪れた。「自分まで回ってきた。決めるしかない」と決意して打席に入った金田。狙い通りに一塁方向へ転がし、三走の滝口を勝ち越しのホームへと迎え入れた。

土壇場でも諦めない姿勢で東信地区の第4シード校を破り、2日の4回戦で第1シード校の上田西に挑む。主将の滝口は「自分たちの野球をしっかり突き詰めて戦いたい」と集中力を高めていた。

3回戦 8/1・佐久総合運動公園野球場

地球環境 4－3 上田染谷丘

	1	2	3	4	5	6	7	8	9	10	11	計
地球環境	0	0	0	0	0	0	0	0	3	0	1	4
上田染谷丘	0	0	0	0	0	0	1	2	0	0	0	3

延長十一回 (地)小沢、内田－坂本 (上)花見、奈良本－中曽根

11回地球環境1死二、三塁、金田のスクイズで三走滝口がタッチをかいくぐりながら勝ち越しの生還(捕手中曽根)

【評】地球環境は3点を追う九回、関の2点三塁打などで同点に追い付いた。延長十一回、1死二、三塁から金田の一前スクイズで勝ち越した。

上田染谷丘は七、八回の得点でリードに成功したが、九回に追い付かれた後は流れを引き戻せなかった。

●上田染谷丘・甲田主将「花見が頑張ってくれた中で、一本が出ない状況が続いた。終盤で得点できたけれど、そう簡単には終わらなかった」

●上田染谷丘・金沢(八回に適時三塁打)「打ってやろうという気持ちだった。冬からつらいトレーニングをやってきたけれど、力不足だった」

地球環境		打	安	点
⑥	竹田	5	1	0
②	坂本	5	0	0
④	宇賀神	4	2	0
⑨	滝口	2	0	0
⑦3	関	3	2	2
③1	内田	3	0	0
①	小沢	3	0	0
7	金田	1	1	2
⑧	大野	4	1	0
⑤	海老沢	4	1	0

振	球	犠	併	残			
6	5	5	1	7	34	8	4

上田染谷		打	安	点
③	小出	4	1	0
④	池田	5	0	0
⑥	甲田	4	1	0
⑨	金沢	5	1	1
⑦	寺島	3	0	0
⑧	荒井多	5	0	0
⑤	鳴沢	5	2	2
①	花見	3	2	0
1	奈良本	1	0	0
②	中曽根	4	0	0

振	球	犠	併	残			
10	5	0	0	8	39	7	3

[三]金沢、関[二]花見、鳴沢、宇賀神[盗]地2染0[失]地2染0[暴]花見2
▽試合時間2時間47分(中断6分)

投手	回	打	安	失
小沢	6 2/3	25	3	1
内田	5	19	4	2
花見	8 2/3	32	6	3
奈良本	3	12	2	1

長聖投手陣 流れ渡さず

4回戦 8/2・佐久総合運動公園野球場

佐久長聖 3―0 小諸商

佐久長聖	1	1	0	0	0	0	0	0	1	3
小諸商	0	0	0	0	0	0	0	0	0	0

（佐）羽毛田、梅野―横田 （小）土屋、青柳―小林

【評】佐久長聖は一回に堀の適時打で先制し、二回は山田の適時打で1点を追加。三回以降も走者を出し続け、九回に藤原の適時打で1点を追加した。
小諸商は相手投手陣の緩急にかわされ1安打。走者を二塁に進めた七、八回の好機も生かせなかった。

●**小諸商・土屋**（8回2失点の力投も実らず）「真っすぐが浮いていたので変化球中心にした。結果として打線に流れを呼び込めなかった」

●**小諸商・伊部主将**「頑張っていたピッチャーを野手が助けられなかった。相手投手陣の対策はしたけれど、力が足りなかった」

主将 力投に応える貴重な一打

投手陣の力投に応える一打が出たのは九回だった。2点リードの佐久長聖は1死二塁から藤原が中前に運び、勝利を決定付ける1点をもぎ取った。主将は「ピッチャーが踏ん張っていたので、何としても打ちたかった」と安堵《あんど》の表情で息をついた。

相手左腕の立ち上がりを捉え、二回までに2点リードを奪った。しかし、その後はチャンスをつくりながら逸機。「もう1点欲しかったが取れない」（藤原監督）という状況が続き、いつ流れが傾いてもおかしくなかった。

だからこそ先発右腕の羽毛田の好投が光った。「打者が打ちづらいようにすることだけを考えた」。フルスイングの小諸商打線の打ち気をそぐように変化球を散らし、打たれた安打は1本だけという完璧な内容。五回からバトンタッチしたエース梅野も制球に苦しみながら無安打に抑えた。

「投手陣がよく0点に抑えてくれた」と藤原監督。2年ぶりのベスト8進出の立役者となった羽毛田は「準々決勝から日程が過密になる。少しでも梅野の負担を減らしたかった」。今大会は3年生52人という大所帯で挑んでいるが、一人一人が責任感を持って臨むことで強い結束力が生まれている。

九回佐久長聖1死二塁、藤原が中前に適時打を放ち3―0とリードを広げる（投手青柳、捕手小林）

佐久長聖		打	安	点
⑨	山田	5	3	1
⑤	花村	3	1	0
H	安川	1	0	0
5	久保田	0	0	0
④	藤原	5	3	1
⑦	堀	5	1	1
⑧	中野	2	0	0
H	白石	1	0	0
8	楠	0	0	0
③	土居	3	0	0
H	荒木	1	0	0
3	小山	0	0	0
⑥	野沢	2	0	0
②	横田	3	1	0
①	羽毛田	2	0	0
1	梅野	1	0	0

振	球	犠	併	残			
3	4	2	0	10	34	9	3

小諸商		打	安	点
⑦	内堀	4	1	0
⑥	伊部	4	0	0
⑧	加藤功	4	0	0
③	南村	3	0	0
⑨	関	2	0	0
⑤	上原	2	0	0
④	平林	3	0	0
②	小林	3	0	0
①	土屋	2	0	0
H	来山	1	0	0
1	青柳	0	0	0

振	球	犠	併	残			
8	3	0	1	4	28	1	0

[二]花村、山田2[盗]佐0小0[失]佐1小3[暴]梅野2▽試合時間2時間9分

投手	回	打	安	失
羽毛田	4	12	1	0
梅野	5	19	0	0
土屋	8	36	7	2
青柳	1	4	2	1

東信代表決定に保護者喜び

2日に行われた4回戦は、佐久長聖と上田西がそれぞれ勝ち、東信代表に決まった。保護者たちは、新型コロナウイルスの感染対策のためスタンドの動員制限もしながら選手たちを応援した。

小諸商に3―0で勝った佐久長聖のスタンド。県外出身の選手も多いが、同校保護者会は県外在住の保護者の観覧を制限。県内在住の役員らに限定し、そろいのシャツとタオルマフラー姿で応援した。羽毛田聖也投手(18)の母美智子さん(50)は「コロナで我慢することが多かったので、勝ってうれしい。ぜひ勝ち上がって優勝してほしい」と喜びを語った。

上田西の応援席では、3年生の保護者が緑色のタオルを首に巻いて応援。地球環境に13―3（五回コールド）で勝利すると、水出八尋《みずいでやひろ》選手(18)の父浩介さん(44)は「次の相手は松商学園だが、力まず楽しく、自分たちのプレーをしてほしい」と話していた。

試合後に校歌が流れる中、スタンドで「佐久長聖」と書かれたタオルマフラーを掲げる保護者

●**地球環境・関**（2安打2打点）「一回の二塁打は真っすぐをしっかり捉えられた。悔いのない時間を全うできた」

●**地球環境・滝口主将**「3回戦までは粘れたけれど、きょうは外野の間を抜かれて多くの長打を許してしまった。相手の打力が上だった」

一回上田西2死一、三塁、竹下が左中間に先制の2点適時三塁打を放つ（捕手坂本）

4回戦 8/2・佐久総合運動公園野球場

上田西 13―3 地球環境

上田西	2	5	1	4	1	13
地球環境	2	0	0	0	1	3

五回コールドゲーム
（上）阿部―小林大（地）小沢、内田―坂本

上田西 打線爆発コールド

復活した3年生 勝負強さ光る

上田西は、部員14人で勝ち上がった地球環境から毎回得点を挙げてコールド勝ち。吉崎監督は「2死から点も取れたし、いまのところ（打線は）好調」とうなずいた。

とりわけ勝負強さが光ったのは5番の竹下。一回は2死一、三塁から「追い込まれていたけれど、しっかり対応できた」とスライダーを捉えて左中間を破る三塁打。先頭で迎えた四回には大量点の足掛かりをつくる二塁打を放ち、五回は無死一塁から中越え三塁打。長打3本と犠飛で4打点を挙げる活躍を見せた。

優勝した昨秋の県大会は右手首のけがで記録員としてベンチ入り。それまで何度も故障に苦しんだこともあり、選手として今夏を目指すことを諦めかけたという。

それでも「吉崎先生に『けがが良くなったら、もう一度頑張ろう』と声を掛けてもらい前を向けた」と持ち前の打力に磨きをかけ復活。中軸を任される3年生は「去年の秋はみんなの活躍がうらやましかった。今大会は自分も活躍して優勝したい」と力強く目標を語った。

【評】上田西は13安打13得点。一回に3連打で2点を先制すると、追い付かれた直後の二回は原の2点三塁打、阿部の2点二塁打などで再び点差を広げた。

地球環境は一回に関の2点二塁打、五回は坂本の適時打で反撃したものの、打力で圧倒された。

上田西		打	安	点
⑧	水出	3	1	0
④	原	4	2	4
⑥	高寺	3	1	0
③	清水	3	2	0
R	原沢	0	0	0
3	杉原	0	0	0
⑨	竹下	3	3	4
①	阿部	2	1	2
⑦	佐藤	3	1	0
②	小林大	4	2	1
⑤	中村	2	0	0

振	球	犠	併	残			
2	6	2	1	7	27	13	11

地球環境		打	安	点
⑥	竹田	2	1	0
②	坂本	1	1	1
④	宇賀神	1	0	0
⑨	滝口	3	1	0
⑦3	関	2	2	2
③1	内田	2	0	0
①7	小沢	1	0	0
H	角田	1	0	0
7	金田	0	0	0
⑧	大野	1	0	0
⑤	海老沢	1	0	0

振	球	犠	併	残			
3	4	3	0	4	15	5	3

三竹下2、原 二関、阿部、水出、竹下 盗上1地0 失上0地2 ボ小沢 ▽試合時間1時間38分

投手	回	打	安	失
阿部	5	22	5	3
小沢	1⅔	16	6	7
内田	3⅓	19	7	6

転校「大正解だった」 地球環境3年・海老沢選手

地球環境3年の海老沢蓮《れん》選手（17）は、けがに悩まされ1年の冬に都内の高校から転校し、地球環境で野球に打ち込んだ。4回戦で上田西に挑み、五回に犠打を放ち得点に絡んだが敗れ、夏を終えた。

特待生として都内の私立高校に進学したが、肩や膝のけがに苦しんだ。中学時代のコーチが地球環境で指導している縁で転校。治療しつつ、ストレッチなどを理学療法士らに学び、全力でプレーできるまでに回復した。

試合後、母洋子さんが近づき「東京にいる時よりも諦めなくなったね」とねぎらった。海老沢選手は「全力を出せた。転校したことは大正解だった」と笑顔を見せた。

試合後、母洋子さんと写真を撮る海老沢選手

＊印はシード校

北信

1～4回戦

北信A代表

長野日大

- 長野日大＊
- 中野西
- 須坂東・北部
- 松代
- 長野東
- 長野工
- 中野立志館
- 長野南
- 長野
- 篠ノ井＊

北信B代表

飯山

- 長野商＊
- 屋代
- 長野俊英
- 更級農
- 須坂創成
- 長野西
- 須坂
- 長野吉田
- 下高井農林
- 飯山＊

長野俊英 輝いた代打

1回戦 7/18・長野オリンピックスタジアム

長野俊英 7―6 屋代

	1	2	3	4	5	6	7	8	9	10	11	12	13	計
屋代	3	0	0	0	1	0	1	0	0	0	0	0	1	6
長野俊英	0	3	0	0	2	0	0	0	0	0	0	0	2x	7

延長十三回タイブレーク (屋)永原―武田 (長)戸谷、後藤―大久保

延長13回長野俊英一死一、二塁、代打倉沢が逆転サヨナラ勝ちとなる2点適時三塁打を放つ

タイブレーク戦逆転サヨナラ

息詰まるタイブレーク戦に決着を付けたのは2年生のバットだった。長野俊英は1点を追う延長十三回1死一、二塁、代打の倉沢が右中間を破るサヨナラ三塁打。ヒーローは「(主将の)後藤さんが頑張って投げてくれていたので決めたかった」と3年生への思いを強調した。

七回までは互いに打線が勝負強さを発揮して互角の展開だったが、終盤は投手戦に。六回から救援した後藤は毎回のように走者を背負う苦しい投球だったが意地があった。

屋代のエース永原とは同じ長野北部中出身。別々のシニアでプレーしていたが、「自分の中ではライバル。負けられないと思って投げていた」。タイブレークに突入した十三回も1失点にとどめる気迫の投球で勝利への流れをつくった。

2回戦はシード校の長野商に挑む。4番も務める頼れる主将は「次も粘り強く戦いたい」と言葉に力を込めた。

●屋代・永原投手「負けてしまったが、回を重ねるごとに調子が上がる自分の投球はできた」

屋代		打	安	点
⑤	小林楓	6	5	1
②	武田	6	3	1
①	永原	5	0	2
⑥	宮尾	6	2	1
⑧	県	6	2	0
R	鎌田	0	0	0
89	野中	0	0	0
⑦	宮沢	6	1	1
④	井口	6	2	0
③	小林偉	3	0	0
H	吉田	1	0	0
3	塚原	2	0	0
⑨8	松原	6	2	0

振球犠併残
5 1 2 1 13 53 17 6

長野俊英		打	安	点
⑤	牧島	5	3	2
④	藤井	5	0	0
⑦3	荻原	5	1	0
③1	後藤	4	2	0
⑥	山口	5	1	0
⑨	時田	5	1	0
②	大久保	6	1	1
①	戸谷	2	2	0
H	轟	0	0	1
7	久保	2	0	0
H	倉沢	1	1	2
⑧	榎木	5	1	1

振球犠併残
8 3 5 1 11 45 13 7

[三]小林楓、倉沢[二]県、小林楓[盗]屋5俊1[失]屋0俊1[暴]永原2▽試合時間2時間46分(中断7分)

投手	回	打	安	失
永原	12⅓	53	13	7
戸谷	5	22	7	4
後藤	8	34	10	2

中野西 隙見せず序盤から主導権

1回戦 7/18・長野オリンピックスタジアム

中野西 9―2 須坂東・北部

	1	2	3	4	5	6	7	計
須坂東・北部	0	0	1	0	1	0	0	2
中野西	3	2	3	1	0	0	X	9

七回コールドゲーム
(須)滝沢、丸山、宮崎、滝沢―渡辺
(中)小林遊、堀内、三ッ井―浦野

中野西は北信の開幕戦という晴れ舞台でも硬くならず、序盤から得点を重ねた。昨夏の甲子園に出場した飯山で部長を務め、4月に赴任した木村監督は「選手たちが積極的にプレーしてくれた」と声を弾ませた。

一回に先頭の安藤の二塁打をきっかけに3点を先取し、二回は連続三塁打などで2点を追加して主導権を握った。隙のない試合運びに、主将の浦野は「木村先生に『常に甲子園でプレーすることを意識しよう』と言われて練習を重ねてきた。レベルアップしたと思う」と成長を実感した様子だった。

●須坂東・北部・滝沢(3安打2打点と活躍した2年生)「負けたのは悔しいけれど、初めての公式戦で結果を出せて良かった」

須東・北部		打	安	点
②	渡辺	2	0	0
①91	滝沢	3	3	2
④164	丸山	3	0	0
⑥16	宮崎	2	0	0
⑧	小林	3	0	0
⑦	池田	3	1	0
⑤	佐藤	3	0	0
③	内田	3	1	0
⑨49	井上	3	0	0

振球犠併残
11 2 0 1 4 25 5 2

中野西		打	安	点
⑨	安藤	4	1	0
⑧	湯本洸	4	2	2
⑥	池田	4	0	0
②	浦野	2	0	0
④	竹前	2	2	3
③	竹内	2	0	0
⑦	小林高	3	1	2
7	飯沼	0	0	0
①	小林遊	1	1	0
H	鈴木	1	1	1
R	小林孟	0	0	0
1	堀内	0	0	0
H	山本	1	0	0
1	三ッ井	0	0	0
⑤	町田	2	2	1

振球犠併残
3 3 2 0 4 26 10 9

[三]小林遊、町田、小林高[二]安藤、湯本洸[盗]連2中2[失]連2中1[ボ]小林遊▽試合時間1時間38分

投手	回	打	安	失
滝沢	1⅓	9	5	5
丸山	1⅔	10	3	3
宮崎	2	9	2	1
滝沢	1	3	0	0
小林遊	3	12	3	1
堀内	2	9	2	1
三ッ井	2	6	0	0

長野吉田　集中力保ち快勝

1回戦　7/18・長野オリンピックスタジアム

長野吉田 25—0 下高井農林

長野吉田	5	11	7	2	0	25
下高井農林	0	0	0	0	0	0

五回コールドゲーム
(吉)高橋、辻出、栗原、大内—矢沢
(下)嘉部、池田星、嘉部—佐藤

長野吉田は大量25点を奪う快勝。野球部員が3年生2人だけの下高井農林と力量差があったとはいえ、最後まで集中力が途切れず、松田監督は「選手たちが精いっぱいやってくれた」と笑顔でたたえた。

制球に苦しむ相手投手の隙を逃さず、二回には7四球と5長短打で一挙11得点。主将の西沢は「チームとして打撃を強化してきた。みんな強いスイングができていた」と強調した。昨年の長野大会を制した飯山に挑む2回戦に向け、「やってきたことを全てぶつけたい」と力を込めた。

●**下高井農林・佐藤主将**（3年生部員2人に助っ人を加えて出場）「負けたのは悔しいけれど、みんなで野球を楽しむことができて良かった」

長野吉田		打	安	点
⑥	上林	5	3	3
⑦	武藤	4	3	2
②	矢沢	3	0	0
⑨	植木	4	2	2
④	西沢	3	2	5
③	和田	5	2	4
⑧	北林	3	1	2
①	高橋	4	2	1
1	辻出	0	0	0
1	栗原	0	0	0
H	神田	1	0	0
1	大内	0	0	0
⑤	永田	2	1	1

振球犠併残
4 10 0 0 4 34 16 20

下高井農		打	安	点
②	佐藤	2	0	0
①71	嘉部	2	0	0
⑧	松村	2	0	0
③	池田大	2	0	0
⑦17	池田星	2	0	0
④	滝沢	1	0	0
H	月岡	1	0	0
⑥	藤原	1	0	0
H	宮崎	1	0	0
⑤	丸山	1	1	0
H	小林	1	0	0
⑨	山崎	0	0	0

振球犠併残
7 1 0 0 2 16 1 0

三上林 二植木、和田2、上林、武藤 盗吉7下0 失吉0下9 暴嘉部 ボ嘉部 逸佐藤 ▽試合時間1時間27分

投手	回	打	安	失
高橋	2	6	0	0
辻出	1	5	1	0
栗原	1	3	0	0
大内	1	3	0	0
嘉部	2	24	8	16
池田星	2	17	8	9
嘉部	1	3	0	0

選手2人の下高井農林　高校総体中止の仲間が協力

選手が3年生2人だけの下高井農林が、他の部活の生徒らを招き、ひと夏のチームをつくった。多くは県高校総体の中止などで一度は目標を見失った仲間たちだ。

昨年の県大会後に8人が引退し、部員はマネジャーの女子生徒3人の他は佐藤亮太主将（18）と嘉部竜一副主将（18）だけに。昨秋の北信地区予選は4校連合チームで出場した。2人には「最後の夏は単独出場を」との思いが強かったが、休校の影響で新入生入部の見通しが立たず、県高校総体の競技の生徒で、野球経験者らを中心に勧誘。その結果、バスケットボール、バドミントン、文化系の「そば班」などから9人が集まった。

中学生まで野球経験があったバスケ部3年の池田大登さん（17）は「今はみんなと野球で完全燃焼したい」。バドミントン部3年の藤原永羽さん（18）は「バドミントン部の練習が終わっても野球部は自主練習を黙々と、すごく頑張っていた」と話す。

全体練習は通常登校が始まった6月1日から再開。硬式球に苦労した生徒も多かったが、「最後は一緒に笑おう」と励んできた。

佐藤主将（左端）とボールを運ぶ他の部所属などの生徒ら＝6月18日

長野6番　センターへ好打

1回戦　7/19・長野オリンピックスタジアム

長野 14—0 長野南

長野	1	2	3	4	4	14
長野南	0	0	0	0	0	0

五回コールドゲーム
(長)佃—若林　(南)寺尾、松倉—鳥羽

長野は相手のミスにも乗じて毎回得点で五回コールド勝ち。13安打を放ったチームの中でも出色だったのが6番中村真だ。「中学時代からセンター方向に低い打球を打つことを心掛けている」と中村真。その打撃を好機で実践した。

3—0で迎えた三回無死二、三塁の場面は、暴投の直後の2球目をしっかり中前へ。四回無死三塁は再び最初のストライクを中前にはじき返し、「フライを上げずにいけたのは良かった」と息をついた。

次戦はシード校の篠ノ井と当たる。チーム最多の3安打を放った3年生は「チームの勝ちに貢献する」と、自分の打撃を全うする決意を語った。

●**長野・佃**（5回を投げ、1安打無失点）「変化球でカウントが取れた。次戦は、この日良くなかったコースへの投げ分けをしっかりしたい」

●**長野南・小出主将**「いつもよりミスが多く、浮足立っているところで点を取られてしまった。ただ、最後まで諦めず、チーム一丸で戦えた」

四回長野無死三塁、中村真が中前適時打を放ち、8—0とリードを広げる

長野		打	安	点
⑧	永井	2	2	2
⑤	中村渓	4	2	1
⑥	宮沢	4	0	1
②	若林	3	0	0
④	栗林	4	2	1
⑨	中村真	4	3	2
③	吉沢	3	2	1
①	佃	3	1	0
⑦	小山紋	1	0	0
H7	山岸	2	1	2

振球犠併残
5 8 0 0 9 30 13 10

長野南		打	安	点
④	武井	1	0	0
⑧	上原	2	0	0
⑥	斎藤	2	0	0
⑦1	松倉	2	0	0
⑤	大屋	2	0	0
③7	小出	2	1	0
①	寺尾	1	0	0
3	城本	1	0	0
②	鳥羽	2	0	0
⑨	横島	1	0	0

振球犠併残
3 1 0 1 2 16 1 0

三栗林 二吉沢、山岸 盗長1南2 失長0南4 暴寺尾4、松倉 ▽試合時間1時間28分（中断7分）

投手	回	打	安	失
佃	5	17	1	0
寺尾	3⅔	24	8	9
松倉	2	14	5	5

飯山　投打にまとまり

2回戦　7/19・長野オリンピックスタジアム

飯　山　9－2　長野吉田

	1	2	3	4	5	6	7	計
長野吉田	0	0	0	1	0	1	0	2
飯　山	3	3	1	0	0	2	X	9

七回コールドゲーム
（長）高橋、辻出―矢沢（飯）常田―長崎

飯山は投打のまとまりを見せ、危なげなく初戦を突破した。

甲子園のマウンドを経験したエース常田は7回で8三振を奪い、5安打2失点。思うように直球でストライクを取れない反省点はあったが、新しい変化球を決め球に使い、「三振が取れた。それが一番大きい」と収穫を挙げた。

打線は一回に4番田中の2点適時打などで3点を奪取。二回は長打2本に小技を絡めて3点を追加し、優位に試合を進めた。

長野吉田		打	安	点
⑥	上林	2	1	0
⑦	武藤	2	0	1
②	矢沢	3	1	0
⑨	植木	3	1	1
④	西沢	2	0	0
③	和田	3	0	0
⑧	北林	3	2	0
①	高橋	2	0	0
1	辻出	1	0	0
⑤	永田	3	0	0

振球犠併残
8 3 0 0 4 24 5 2

飯　山		打	安	点
②	長崎	3	3	1
⑥	関	4	3	0
④	塚田	3	0	0
③	田中	4	2	4
⑤	松沢	3	0	1
①	常田	2	1	1
⑦	鈴木	3	2	0
⑧	馬場	3	0	0
⑨	服部	3	0	0
H9	湯川	1	1	2

振球犠併残
3 4 5 1 1 12 9 12 9

[三]田中、上林[二]長崎[盗]吉1飯1[失]吉4飯0[暴]辻出[逸]矢沢
▽試合時間1時間38分

投手	回	打	安	失
高橋	4	26	9	7
辻出	2	12	3	2
常田	7	27	5	2

長野日大　全員野球で勝利

2回戦　7/19・長野オリンピックスタジアム

長野日大　10－1　中野西

	1	2	3	4	5	6	7	8	計
長野日大	3	0	0	0	3	1	0	3	10
中野西	0	0	0	1	0	0	0	0	1

八回コールドゲーム
（長）栗木、落合―清水（中）小林遊、三ッ井―浦野

●長野日大・丸山慶（2安打6打点）「第1打席（の三塁打）は狙っていた直球を自分のスイングで打てた。次も3年生の全員野球で戦う」

●長野日大・高山（4盗塁で4得点）「足の速さに自信があり、盗塁は思い切りいった。スピードでみんなを引っ張っていきたい」

●中野西・湯本洸（二塁打2本）「一戦必勝の思いで臨み、打撃はみんなでつなげたと思う。力を出し切れたので悔いはない」

長野日大		打	安	点
⑥	丸山和	5	0	0
6	浅沼	0	0	0
⑧	高山	4	3	0
④	西村	2	1	1
⑦	荒井	3	2	1
⑨	丸山慶	4	2	6
②	清水	5	1	0
③	青木	4	1	0
5	小河原	0	0	0
⑤3	井口	3	0	1
①	栗木	3	1	0
1	落合	0	0	0

振球犠併残
2 9 2 1 1 0 33 11 9

中野西		打	安	点
⑨	安藤	4	0	0
⑧	湯本洸	3	2	0
⑥	池田	4	2	1
②	浦野	4	0	0
④	竹前	3	2	0
R4	山本	0	0	0
③	竹内	3	0	0
⑦	小林高	3	0	0
7	飯沼	0	0	0
①	小林遊	2	0	0
1	三ッ井	1	0	0
⑤	町田	3	1	0

振球犠併残
8 1 0 0 6 30 7 1

[三]丸山慶、荒井[二]湯本洸2、高山、丸山慶、池田[盗]日6中0[失]日0中3
▽試合時間2時間3分

投手	回	打	安	失
栗木	7	26	6	1
落合	1	5	1	0
小林遊	5 ⅓	30	8	7
三ッ井	2 ⅔	14	3	3

長野商　頼れる主将

2回戦　7/23・長野オリンピックスタジアム

長野商　6－3　長野俊英

	1	2	3	4	5	6	7	8	9	計
長野商	0	0	2	0	2	0	2	0	0	6
長野俊英	0	1	0	0	0	0	2	0	0	3

（商）花岡、丸山雄、和田、丸山雄、野崎―石坂、山口
（俊）戸谷、後藤―大久保

シード校の長野商は二回に先制され、苦しい序盤だった。そんな嫌なムードを4番の青木主将が振り払った。

三回、加藤の適時打で同点に追い付き、なお2死二塁。「ピッチャーを助けたかった。浮いた変化球を狙っていた」と、左翼フェンスを直撃する勝ち越しの適時二塁打を放った。五回には無死一、二塁から低めの変化球を右前に運んで追加点を挙げ、七回には先頭で三塁打を放って5点目のホームを踏んだ。

頼れる主将は「打てて良かったけれど、もっとできると思った。勝ち上がりながら成長したい」と次戦を見据えた。

●長野俊英・山口（3安打の3年生）「初戦は内野安打1本だけだったので打てて良かった。チームの力は出し切れたと思う」

長野商		打	安	点
⑧	町田	3	0	0
④5	加藤	4	2	1
⑨	堀内	5	1	0
⑤	青木	5	3	2
4	小林慎	0	0	0
③	丸山怜	4	3	1
⑥	矢島	2	0	0
⑦	宮入	1	0	1
1	和田	1	1	0
R7	丸山皓	1	0	0
1	野崎	0	0	0
②	石坂	4	2	0
2	山口	0	0	0
①	花岡	1	1	0
H	千原	1	0	0
1717	丸山雄	1	1	1

振球犠併残
2 4 7 1 1 1 33 14 6

長野俊英		打	安	点
⑤	牧島	4	1	0
④	藤井	4	1	0
⑦3	荻原	4	0	0
③1	後藤	5	0	0
⑥	山口	4	3	0
⑨	時田	4	0	0
②	大久保	3	3	2
①	戸谷	1	0	0
7	久保	2	0	1
⑧	榎木	4	0	0

振球犠併残
6 6 1 0 1 2 35 8 3

[三]青木[二]大久保、青木、和田[盗]商2俊2[失]商3俊1[暴]丸山雄2[ボ]丸山雄
▽試合時間2時間13分

投手	回	打	安	失
花岡	4	19	4	1
丸山雄	1 ⅔	8	1	0
和田	⅓	2	0	0
丸山雄	2 ⅔	12	3	2
野崎	⅓	1	0	0
戸谷	5	27	10	4
後藤	4	17	4	2

長野西　機動力と長打力で主導権渡さず

2回戦　7/23・長野オリンピックスタジアム

長野西　14－10　須坂

	1	2	3	4	5	6	7	8	9	計
須坂	0	0	1	4	0	3	1	0	1	10
長野西	4	1	0	4	1	3	1	0	X	14

（須）上原、金丸、北沢―下田（長）山下、渡利、和田―南畑

両校合わせて30安打の打撃戦を制した長野西の大槻監督は、開口一番に「須坂さんの粘りがすごかった」。しかし、教え子たちの底力はさらにすごかった。

機動力を一回から駆使。盗塁やセーフティーバントで相手守備の乱れを誘い、4点を先制した。

四回に同点に追い付かれると、その直後には長打攻勢だ。永井の犠飛で1点を勝ち越し、その後の2死三塁で打席に入った4番伊藤は「相手の反撃はすごかったけれど、いつも劣勢を想定して練習していたので冷静だった」。左中間に適時二塁打を放つと、高橋、辻も適時二塁打で続き、須坂を突き放した。

その後も失点しても取り返し、最後まで主導権は渡さなかった。

●須坂・堀（チーム最多の3安打）「つなぐ意識を徹底できた。それがチーム全体の粘りにつながった。公式戦でヒットを打てて良かった」

四回長野西2死三塁、伊藤が左中間へ適時二塁打を放つ（投手上原、捕手下田）

須　坂		打	安	点
④	堀	6	3	2
⑥	春原	3	2	0
⑨1	北沢	6	2	2
⑤	大野	6	2	1
②	下田	5	2	1
①	上原	2	1	0
1	金丸	1	0	0
9	井浦	1	0	0
⑦	塚田	4	1	0
③	長沢	3	2	0
H3	井上	2	1	0
⑧	竹内	4	2	2

振球犠併残
2 5 1 0 1 2 43 18 8

長野西		打	安	点
⑤	永井	3	1	1
⑥	久保田	4	2	2
⑦	小山一	2	0	1
H3	渡辺	2	0	1
7	保戸塚	0	0	0
③73	伊藤	6	1	1
⑧	高橋	3	1	1
⑨	辻	3	3	1
②	南畑	4	1	2
①	山下	2	0	0
1	渡利	2	1	0
H	山田	1	1	1
1	和田	0	0	0
④	内山	2	1	0

振球犠併残
3 12 3 2 1 1 34 12 11

[三]内山、大野[二]伊藤、高橋、辻[盗]須2長7[失]須3長1[暴]山下2、金丸、渡利2
▽試合時間2時間37分

投手	回	打	安	失
上原	3 ⅔	24	7	9
金丸	2 ⅓	15	3	4
北沢	2	10	2	1
山下	4	22	9	5
渡利	3	17	6	4
和田	2	10	3	1

長野東 足攻で流れ

2回戦 7/23・長野オリンピックスタジアム

長野東 8—1 松代

	1	2	3	4	5	6	7	計
松代	0	0	1	0	0	0	0	1
長野東	0	0	1	0	3	1	3x	8

七回コールドゲーム
(松)大平、大塚—山内 (長)黒岩—牧野

五回長野東2死満塁、渋沢が中前へ勝ち越しの2点適時打を放つ

松代と長野東の一戦は、両先発が踏ん張り、四回まで1—1の緊迫した展開。そんな中、長野東は機動力を生かして流れを引き寄せた。

五回、1死から連続四球で一、二塁とすると、「盗塁できたら行けのサイン」（小林監督）で鮮やかに重盗を決めた。松代の投手陣を揺さぶり、その後の2死満塁で6番渋沢が「どうしても1点欲しかった」と中前に勝ち越し打を放つなど、この回3得点。六回にも高橋の盗塁を足掛かりに追加点を挙げた。

昨秋の北信予選は、代表決定戦（準々決勝）で夏を制した飯山を追い詰めながら逆転サヨナラ負け。そのショックを引きずったまま復活代表決定戦でも敗れ、県大会出場を逃した。宮本主将は「もう、あんな悔しい思いはしたくないという気持ちで練習してきた。まずはベスト8に入りたい」と言葉に力を込めた。

●**松代・山内主将**「先制できたけれど、四球や失策から崩れてしまった。支えてくれた人たちのためにも勝ちたかった」

松　代			打	安	点
⑧		宮　沢	4	2	0
⑨		小伊藤	4	1	0
①	6	大　平	3	1	0
②		山　内	3	2	1
⑤	3	春　原	3	0	0
③	1	大　塚	3	1	0
⑦		滝　沢	3	1	0
⑥	5	小木曽	2	1	0
④		武　井	2	0	0

振	球	犠	併	残			
2	1	2	0	8	27	9	1

長野東		打	安	点
⑥	宮　本	5	2	3
⑤	尾　居	3	2	1
⑦	太　田	2	0	0
⑨	堀　田	3	1	0
③	中　沢	4	1	0
⑧	渋　沢	4	1	2
②	牧　野	4	1	1
①	黒　岩	3	0	0
④	高　橋	4	3	0

振	球	犠	併	残			
2	5	0	1	9	32	11	7

三宮本 二高橋 盗松1長6 失松3長0 暴大平 ▽試合時間1時間45分

投　手	回	打	安	失
大　平	4 ⅓	22	4	4
大　塚	2 ⅓	15	7	4
黒　岩	7	30	9	1

台風19号で被災 長野東3年・牧野捕手
苦難乗り越え最後の夏

最後の大会に臨む長野東の牧野捕手

長野東3年・牧野翔捕手(17)は昨年10月の台風19号の堤防決壊で長野市穂保の自宅が被災した。両親と弟、妹の5人で暮らす2階建ての自宅は、物が散乱して大量の泥に覆われた。自宅の片付けや慣れない避難所生活を経て登校、練習にも顔を出したが「気持ちが入らず、集中できていなかった」。それでも野球部仲間から励まされ「最後の年になるから頑張ろう」と奮い立たせた。

今年2月には自宅が住めるようになったが、今度は新型コロナウイルスの影響で3月から部活動が休止に。5月に夏の大会の中止が決まったが、目標を失った中で代替大会開催が決定し、6月から部活動も再開した。自宅の復旧には大勢の力を借りている。「この9ヵ月はいいことがなかったけれど、コロナで大変な人もいる。試合で『頑張ってるぞ』という姿を見せたい」と決意している。

2回戦 7/24・長野オリンピックスタジアム

更級農 9—0 須坂創成

	1	2	3	4	5	6	7	計
更級農	1	2	0	3	1	1	1	9
須坂創成	0	0	0	0	0	0	0	0

七回コールドゲーム
(更)利根川、宮坂、黒河内—高橋
(須)上條壮、黒岩厚—山小

●**須坂創成・宮崎主将**「先制されて重圧がかかり、力んでしまった。勝てると信じていたけれど公式戦は難しかった」

更級農 鍛えた打撃で9点

更級農は鍛えてきた打撃で14安打9点を挙げて大勝。新チームとなって公式戦の初勝利をつかみ、高橋主将は「冬に取り組んできた成果が出せて良かった」と笑顔を見せた。

中でも勝負強さを発揮したのが2年生の山崎。1点リードの二回は2死二、三塁から「直球を狙っていた」と中前にはじき返して2点適時打。四回にも2点適時打を放ち、3安打4打点の活躍を見せた。

3年生は5人で、下級生に支えられている。その分、チームの結束は強く、高橋は「みんな仲がいいことが強み」。山崎は「この大会で先輩たちに恩返しがしたい」と意気込んでいた。

更級農		打	安	点
①97	利根川	5	2	1
②	高　橋	3	1	1
⑦	小　松	4	1	0
9	渡　辺	0	0	0
④	鈴　木	4	1	1
4	宮　崎	0	0	0
⑧1	黒河内	3	2	0
⑥	宮　入	1	0	1
H6	大田垣	0	0	0
⑨	一　由	1	1	0
1	宮　坂	1	0	0
H	北　村	1	1	0
R	日　詰	0	0	0
8	小　山	0	0	0
③	古　沢	4	2	1
⑤	山　崎	3	3	4

振	球	犠	併	残			
5	5	3	1	8	30	14	9

須坂創成		打	安	点
②	山　小	3	0	0
⑧	小　林	3	1	0
⑦	山　崎	3	1	0
⑤	大　島	3	0	0
⑨	春　原	2	0	0
③	中　島	1	0	0
H	土　屋	0	0	0
①4	上條壮	2	0	0
⑥	神　林	2	0	0
④	宮　崎	2	0	0
1	黒岩厚	0	0	0
H	和　田	1	0	0

振	球	犠	併	残			
7	5	1	0	7	22	2	0

三利根川 二黒河内、古沢 盗更4須0 失更2須1 ▽試合時間2時間3分

投　手	回	打	安	失
利根川	4	15	1	0
宮　坂	2	8	1	0
黒河内	1	5	0	0
上條壮	5 ⅓	28	11	8
黒岩厚	1 ⅔	10	3	1

長野工1番 奇襲で勢い

2回戦　7/24・長野オリンピックスタジアム

長野工 6－3 中野立志館

	1	2	3	4	5	6	7	8	9	計
長野工	1	0	3	1	0	0	1	0	0	6
中野立志館	0	0	0	0	3	0	0	0	0	3

(長)原—桜井 (中)関口、月岡、塩野谷、川辺—小林大

1打席目初球をセーフティーバント

長野工の1番浅川は大会開幕前から心に決めていたことがあった。「1打席目の初球に絶対にセーフティーバントを決める」。この奇襲攻撃が見事に当たった。

コンという小さな音とともに、勢いを殺した打球が転がる。相手守備が慌てて処理するも悪送球に。「足の速さには自信がある」と快足を飛ばして三塁まで到達すると、続く佐藤の右前適時打で鮮やかに先制点を奪った。これで勢いに乗ると、三回には4番渡辺の適時打などで3点を奪って主導権をつかみ、「先手必勝」で逃げ切った。

4月に村山監督が赴任したが、コロナ禍で休校に。主将の浅川は「まずは新監督と信頼関係を築くことが大切」と練習再開後は監督と積極的にコミュニケーションを取ってチームをまとめた。ただ、村山監督は「まさか、いきなりセーフティーとは…」。敵を欺くにはまず味方から。浅川は「監督なら分かってくれると思っていたので」と照れくさそうに笑った。

一回長野工無死、バント安打に送球ミスが絡み一気に三塁へ向かう浅川。この後、佐藤の右前打で先制のホームを踏む

●中野立志館・三ツ井主将「3点取って食らい付けたが、後半は走者をためることができなかった。でも、自分たちの力は出し切れたと思う」

長野工		打	安	点
⑦	浅川	4	1	0
③	佐藤	4	3	1
④	山岸	4	1	1
⑧	渡辺	4	1	1
H	中村	1	0	0
8	小林	0	0	0
⑥	中田	5	3	0
⑨	岡田	3	0	0
9	宮尾	0	0	0
⑤	小山	3	0	0
②	桜井	4	1	0
①	原	2	0	0

振球犠併残 6 7 3 2 11 34 10 3

立志館		打	安	点
④	三ツ井	5	2	2
⑥	久住	4	1	1
⑧	宮下	1	0	0
1	塩野谷	0	0	0
1	川辺	1	0	0
③	堀米	4	0	0
②	小林大	3	0	0
⑨	上野	4	2	0
⑦	町田	4	0	0
7	中井	0	0	0
⑤	田中雄	3	0	0
①	関口	0	0	0
18	月岡	4	2	0

振球犠併残 4 5 0 0 8 33 7 3

二月岡 盗長2立1 失長2立1 暴関口、川辺 ボ関口 ▽試合時間2時間24分

投手	回	打	安	失
原	9	38	7	3
関口	2⅔	16	5	4
月岡	2	11	3	1
塩野谷	1⅓	4	0	0
川辺	3	13	2	1

長野 エース尻上がり完投

長野は投手戦を制してシード校の篠ノ井に勝利。3安打1失点完投で立役者となったエース左腕の佃は「篠ノ井のピッチャーは力があるので、絶対に投げ勝とうと思った。勝てて良かった」と嬉しそうに汗をぬぐった。

3四球と制球が定まらなかった一回に1点を先制されたが、徐々に本来の投球を取り戻した。「右打者への内角の直球が良かった」と、三回に4、5番を連続三振に仕留めると波に乗った。四回に吉沢の適時二塁打などで逆転すると、その後はバックの堅守にも助けられながらリードを守り抜いた。

チームは打力を強化してきたが、武田監督は「選手には『最少失点に抑えなければ（打力強化の）意味がない』と伝えてきた。その点でも良く投げてくれた」と3年生の力投をたたえた。

2回戦　7/24・長野オリンピックスタジアム

長野 3－1 篠ノ井

	1	2	3	4	5	6	7	8	9	計
長野	0	0	0	2	0	0	0	0	1	3
篠ノ井	1	0	0	0	0	0	0	0	0	1

(長)佃—若林 (篠)糸田—桑原

長野		打	安	点
⑧	永井	5	2	1
⑤	中村渓	5	1	0
⑥	宮沢	4	2	0
②	若林	3	0	0
④	栗林	3	0	0
⑨	中村真	4	1	1
③	吉沢	4	3	1
①	佃	3	0	0
⑦	小山紋	4	0	0

振球犠併残 5 2 1 1 8 35 9 3

篠ノ井		打	安	点
⑧	宮沢	4	0	0
⑤	渋沢	2	1	0
②	桑原	4	0	0
③	近藤	3	0	1
⑦	酒井	3	1	0
⑨	吉岡	2	0	0
⑥	土屋	3	1	0
④	高木	3	0	0
H	浦野	0	0	0
①	糸田	2	0	0
H	権田	1	0	0

振球犠併残 10 9 1 0 9 27 3 1

三永井 二永井、吉沢2、酒井 盗長1篠2 失長0篠3 ▽試合時間2時間8分

投手	回	打	安	失
佃	9	37	3	1
糸田	9	38	9	3

●篠ノ井・糸田（3失点完投も敗れ）「打力のある相手を3点に抑えられたのは良かった。でも、失点が失投や四球からだったのが悔しい」

●篠ノ井・近藤主将「（エースの）糸田を援護できなかった。相手投手は変化球主体だと思っていたが、真っすぐが良くて捉えられなかった」

10奪三振、1失点で完投した長野の先発佃

3回戦　7/25・長野オリンピックスタジアム

長野日大 10－0 長野東

長野東	0	0	0	0	0	0
長野日大	4	2	3	0	1x	10

五回コールドゲーム
(東)黒岩、入山－牧野 (日)栗木、山岸－清水

一回長野日大1死満塁、丸山慶の中前打で二走西村も生還しガッツポーズ

長野日大 好機逃さず13安打10点

一回の攻防が勝敗を分けた。長野日大は先発の栗木が2死一、三塁のピンチを三振で切り抜けると、その裏の攻撃で4得点。栗木は「きれいに点を取ってくれた」と味方打線に感謝した。

丸山和からの3連打で築いた一回1死満塁。丸山慶は「絶対に外野まで運ぼうと思った」と狙い球のスライダーを逃さなかった。2者を迎え入れる中前適時打。太田も適時打で続き、4点の先制に成功した。

二回以降、大暴れしたのが4番荒井だった。一回のチャンスは凡退したが、二回1死一、三塁は名誉挽回の2点二塁打。「力むと打てなくなる。リラックスを心掛けた」。三回は2死満塁から中越え三塁打、五回にはコールド勝ちを決める左前適時打を放った。

昨秋の北信越大会1回戦は2安打しながら好機で打てず、チームも敗退。それ以降、練習から1球目を大事にして集中力を養ってきた。「初回の打席が課題。納得いっていない」。4回戦進出につながる3安打6打点の活躍にも気の緩みはなかった。

【評】長野日大は一回、3連打などの1死満塁から丸山慶、太田の適時打などで4点を先制。鋭い振りで序盤に長野東の投手陣を攻略し、13安打10得点でコールド勝ちした。

長野東は一回2死一、三塁の先制機を逃すと、二回以降は無安打に終わった。

●**長野東・小林監督**「相手が一枚も二枚も上手だった。長野日大はどこに投げてもきちんと振ってきた」

●**長野東・黒岩**（一回に4失点）「打ち取ってリズムをつくる前に、力強いスイングで打ち込まれてしまった。休む時がなかった」

長野東		打	安	点
⑥	宮　本	2	0	0
⑤	尾　居	2	0	0
⑦	太　田	2	1	0
⑨	堀　田	2	1	0
③	中　沢	2	0	0
⑧	渋　沢	2	0	0
②	牧　野	2	0	0
①	黒　岩	1	0	0
1	入　山	1	0	0
④	高　橋	1	0	0

振球犠併残
7 0 0 1 2 17 2 0

長野日大		打	安	点
⑥	丸山和	4	3	0
⑧	高　山	3	1	0
H	山　中	1	0	0
④	西　村	2	2	0
⑦	荒　井	4	3	6
⑨	丸山慶	2	1	2
③	太　田	2	1	1
H	福　水	0	0	0
1	山　岸	0	0	0
②	清　水	2	0	0
⑤	井　口	2	0	1
①	栗　木	2	1	0
H3	青　木	1	1	0

振球犠併残
1 6 0 0 8 25 13 10

三荒井、西村 二太田、荒井 盗東0日2 失東2日0
▽試合時間1時間10分

投手	回	打	安	失
黒　岩	1⅓	13	7	6
入　山	3	18	6	4
栗　木	4	14	2	0
山　岸	1	3	0	0

3回戦　7/25・長野オリンピックスタジアム

飯 山 10－5 長野西

長野西	0	0	3	1	0	0	0	0	1	5
飯　山	3	6	0	0	1	0	0	0	X	10

長)阿部、和田、渡利、宮入－南畑、渋沢
飯)常田、市川－佐藤留

飯山 磨いた打力を十分に

序盤で大勢 主戦・常田をもり立てる

昨秋の北信予選の雪辱に燃える長野西の出はなをくじくには十分な先制攻撃だった。昨夏の王者飯山は一回から打線がつながり、序盤で大勢を決めた。プロ注目のエース常田を擁するだけに、吉池監督は「初回の得点が大きかった」と満足そうにうなずいた。

先頭の長崎が四球で出出ると、セオリー通りにバントで送って1死二塁。3番の塚田は「正直、ホームランを狙っていた」と甘い真っすぐを豪快に振り抜き、詰まりながらも左越えの適時二塁打。4番佐藤留も中前適時打で続くなど3得点。さらに二回は制球の定まらない相手投手陣から6点を挙げて畳み掛けた。

吉池監督は「失点は計算できるので、打撃力を強化してきた。破壊力だけでいえば昨夏よりも上だと思う」と自信を見せる。4回戦以降は強敵との戦いが続くが、塚田は「常田が抑えてくれる。だから打線もたくさん点を取って援護したい」と力強く言った。

一回飯山1死二塁、塚田が左越えに先制の適時二塁打を放つ

【評】飯山は一回に塚田、佐藤留の連続適時打などで3点を先制し、二回は乱調の相手投手陣から五つの押し出し四球などで6点を追加した。

長野西は三、四回に四球を足掛かりに計4点を返したが、飯山のエース常田の球威に押された。

●**長野西・大槻監督**「0－9になったところから自分たちがやれることを継続できた。3年生が残してくれた粘り強いプレーを財産にしたい」

●**長野西・伊藤**「常田投手の直球を狙ったが変化球をうまく使われた。野球から学んだことを今後の人生に生かしたい」

長野西		打	安	点
⑤	永　井	5	1	1
⑥	久保田	4	2	0
⑦	小山一	2	1	1
7	大　島	0	0	0
H3	山　田	2	1	0
③7	伊　藤	5	0	0
⑨	辻	3	0	0
②	南　畑	1	0	0
H2	渋　沢	3	0	0
①	阿　部	1	0	0
1	和　田	2	0	0
1	渡　利	0	0	0
H	渡　辺	1	0	0
1	宮　入	0	0	0
⑧	高　橋	2	1	0
④	内　山	3	1	0

振球犠併残
11 8 0 1 10 34 7 2

飯山		打	安	点
⑤	長　崎	2	1	2
⑥	佐藤元	2	1	0
H	村　松	1	0	0
6	坂　本	0	0	0
④	塚　田	5	1	1
②	佐藤留	4	2	1
⑦	鈴　木	3	1	2
③	田　中	3	1	1
H3	黒　岩	1	1	0
⑨	湯　川	2	2	2
R9	清　水	0	0	0
1	市　川	0	0	0
①9	常　田	4	0	0
⑧	馬　場	3	0	1

振球犠併残
8 12 3 1 11 30 10 10

二塚田 盗長2飯2 失長0飯2 暴常田3 逸佐藤留
▽試合時間2時間51分（中断19分）

投手	回	打	安	失
阿　部	1⅔	11	5	6
和　田	4	22	3	4
渡　利	2	8	1	0
宮　入	1	4	1	0
常　田	8	36	6	4
市　川	1	6	1	1

更級農 打力で シード校に逆転勝ち

3回戦　7/26・長野オリンピックスタジアム

更級農 8－7 長野商

	1	2	3	4	5	6	7	8	9	計
更級農	1	0	1	4	0	0	2	0	0	8
長野商	1	0	4	2	0	0	0	0	0	7

(更)利根川、宮坂―高橋
(長)花岡、丸山雄、堀内、和田―山口、石坂

シード校の長野商に1点差で競り勝ち喜ぶ更級農ナイン

更級農		打	安	点
①9	利根川	4	1	1
②	高橋	5	2	1
⑦	小松	2	1	0
④	鈴木	3	0	0
⑧	黒河内	4	2	2
⑥	宮入	3	0	0
H	石坂	1	0	0
6	大田垣	0	0	0
⑨	一由	1	0	0
R	日詰	0	0	0
1	宮坂	1	0	0
③	古沢	4	1	0
⑤	山崎	4	0	1

振球犠併残
7 4 5 2 6 32 7 5

長野商		打	安	点
⑧	町田	3	2	0
④	加藤	3	1	1
⑨19	堀内	4	1	1
⑤	青木	3	2	2
③	丸山怜	4	1	1
⑥	矢島	4	1	1
⑦	宮入	4	0	0
R7	丸山皓	0	0	0
②	山口	1	0	0
2	石坂	2	0	0
①	花岡	0	0	0
H	千原	1	0	0
1	丸山雄	1	0	0
H	小林慎	1	0	0
9	武田	0	0	0
1	和田	0	0	0

振球犠併残
4 5 3 0 5 31 8 6

三高橋 二町田2、青木、小松 盗更4長0 失更1長3 暴利根川、花岡2、丸山雄、宮坂 ボ宮坂
▽試合時間2時間58分(中断30分)

投手	回	打	安	失
利根川	4	22	5	7
宮坂	5	17	3	0
花岡	3	15	3	2
丸山雄	5	22	4	6
堀内	⅔	3	0	0
和田	⅓	1	0	0

七回犠牲飛で決勝点

降雨で開始が約2時間遅れ、七回表終了後には約30分間中断した一戦。「緊張感もあったけれど、(待機中も)うまく雰囲気を和らげられた」(高橋主将)と気負わずに挑んだ更級農が、シード校の長野商に競り勝った。

一進一退の展開で、試合を決めたのは七回。小松の左中間二塁打などで無死二、三塁とすると、暴投でまず同点に追い付いた。打席の黒河内は「勝つためにここで打てれば…。力で持っていった」と、やや詰まりながらも中堅への犠飛を放って勝ち越しに成功した。

昨秋の県大会北信地区予選は初戦で中野西に2―7で敗れ、「全然打てないチームだった」と就任2年目の鈴木監督。筋力トレーニングはしない一方で、長さや重さの異なるバットを使いながら打撃力強化に取り組み、黒河内は「最後まで振り切れるようになった」と実感を込める。

4回戦で挑むのは昨夏の甲子園に出場した飯山だ。プロも注目する常田とは初対戦で、主将の高橋は「相手は強い。投手を助けられるような打撃をしたい」と力を込めた。

【評】更級農は1点を追う七回、小松の二塁打と犠打野選などで無死二、三塁とすると、暴投で同点に追い付き、黒河内の犠飛で勝ち越した。
長野商は三、四回とリードしたが、相手投手が代わった五回以降は打線のつながりを欠いた。

●**長野商・池田監督**「3年生中心に一生懸命やってきてくれて感謝している。継投は予定通りだったが、それも含めて監督の責任」

●**長野商・青木主将**「ミスをチームでカバーすることを徹底してやってきたが、カバーしきれなかった」

3回戦　7/27・長野オリンピックスタジアム

長野 5－1 長野工

	1	2	3	4	5	6	7	8	9	計
長野	2	1	0	0	0	1	0	0	1	5
長野工	0	0	0	0	0	0	0	0	1	1

(長)佃―若林 (工)宮崎、佐藤、原―桜井

●**長野工・佐藤**(三回から救援して6回1/3を1失点)「エースの原に負担を掛けたくない思いで投げた。頑張って良い投球ができたと思う」

【評】長野は一回1死満塁から栗林の中前打で2点を先制し、二回に犠飛で追加点。主導権を握ると、六回は代打山岸の適時打、九回は中村真の適時打で着実に加点した。
長野工は長野の左腕佃の緩急に凡打を重ね、4安打1得点に終わった。

長野 流れ呼ぶ一振り

六回長野1死三塁、代打山岸が右前打を放ち三走吉沢(右)が生還、4－0とリードを広げる

長野		打	安	点
⑧	永井	2	1	1
⑤	中村渓	4	1	0
⑥	宮沢	4	2	0
②	若林	4	0	0
④	栗林	4	2	2
⑨	中村真	5	2	1
③	吉沢	4	2	0
①	佃	3	1	0
⑦	小山紋	1	0	0
H7	山岸	2	2	1

振球犠併残
6 4 6 2 11 33 13 5

長野工		打	安	点
⑦	浅川	3	1	0
③13	佐藤	4	2	0
④	山岸	3	0	1
⑧	渡辺	4	0	0
⑥5	中田	3	0	0
⑨	岡田	1	0	0
9	宮尾	0	0	0
H	豊城	1	0	0
9	小林	0	0	0
①	宮崎	0	0	0
H	東村	1	0	0
3	福田	2	0	0
1	原	0	0	0
②	桜井	2	1	0
⑤	小山	1	0	0
H	中村	1	0	0
6	矢口	0	0	0

振球犠併残
7 4 2 0 4 26 4 1

三栗林 二吉沢2 盗長3工1 失長0工1▽ボ佐藤
▽試合時間2時間43分(中断45分)

投手	回	打	安	失
佃	9	32	4	1
宮崎	2	11	3	3
佐藤	6⅓	29	8	1
原	⅔	3	2	1

長野が二回までに3点挙げた後、両校の投手陣が踏ん張り、試合は膠着《こうちゃく》状態になった。雨による45分間の中断を挟み、四回から再開した試合は、勝負を左右する次の1点をどちらが取るかが焦点だった。

試合が動いたのは六回。長野の先頭吉沢は「正直3点では足りない。流れを呼び込みたい」。集中力を研ぎ澄ませ、初球の真っすぐを捉えて中越え二塁打を放った。

「ここが勝負どころ」(武田監督)。バントで送ると、山岸を代打で起用した。好調な3年生は「とにかく転がせば点が入る」と3球目をたたき付けると、大きく弾んだ打球は一塁手の頭上を越え、大きな1点が入った。

エースの佃は「あの1点で気持ちに余裕ができた」。1点を失ったものの、最後までコースを突く冷静な投球を続けた。

長野		打	安	点
⑧	永井	2	1	1
⑤	中村渓	0	0	0
5	松浦	2	0	0
⑥	宮沢	2	0	0
②	若林	2	2	0
④	栗林	2	0	0
⑨	中村真	2	0	0
③	吉沢	1	0	0
3	三井	0	0	0
①7	佃	2	1	0
⑦	山岸	0	0	0
1	町田泰	1	1	0
1	小嶋	0	0	0
H	小山紋	1	0	0

振球犠併残
3 2 1 0 4 17 5 1

長野日大		打	安	点
⑥	丸山和	0	0	0
6	浅沼	0	0	0
⑧	高山	3	1	0
④	西村	2	1	0
⑦	荒井	2	0	1
5	若林	0	0	0
⑨	丸山慶	3	2	5
⑤3	井口	2	1	2
②	清水	2	2	1
③	青木	2	0	0
3	太田	0	0	0
R	小河原	0	0	0
7	宮沢	0	0	0
①	栗木	2	0	0
H	海沼	1	1	1
1	高野	0	0	0
1	落合	0	0	0

振球犠併残
4 9 2 2 7 19 8 10

[三]丸山慶[二]若林（長）清水、丸山慶、町田泰[盗]長0日2[失]長1日0[暴]小嶋[逸]若林▽試合時間1時間53分（中断17分）

投手	回	打	安	失
佃	1⅔	14	4	7
町田泰	1⅔	11	3	4
小嶋	⅔	5	1	0
栗木	4	15	3	0
高野	⅔	4	2	1
落合	⅓	1	0	0

一回長野日大1死三塁、井口がスクイズを決め3点目

●長野・佃（7失点で二回途中降板）「（二回に負傷退場した）2人のためにも勝ちたかった。四球で自滅してしまった」

【評】長野日大は一回に清水の適時二塁打などで4点を先制。二回は丸山慶の3点二塁打で追加点を挙げ、四回に4長短打で4点を奪い突き放した。

長野は長野日大の先発栗木の球威に押され、投手が代わった五回にようやく1点を返した。

長野日大「先手必勝」

4回戦 8/1・長野オリンピックスタジアム

長野日大 11 — 1 長野

長野	0	0	0	0	1	1
長野日大	4	3	0	4	X	11

五回コールドゲーム
（長）佃、町田泰、小嶋—若林
（日）栗木、高野、落合—清水

序盤大量得点 光った周到な準備

先手必勝の試合展開で突き進み、難なくベスト8入りを決めた。長野日大は、左腕佃を中心に最少失点で勝ち上がってきた長野から序盤に大量得点を奪い、3戦連続のコールド勝ち。西村主将は「先制点を取って、自分たちのペースで試合を進めることに集中していた」と胸を張った。

周到な準備が生きている。インターネット中継の映像を見ながら全員で相手バッテリーの配球を分析。この日は一回に井口のスクイズなどで3点を奪い、さらに2死二塁で清水が「左打者は変化球を打たされないように」と直球を右翼線に運んで4点目を奪った。

二回には2死満塁で右打者の丸山慶が「相手は内角の直球がいい。ホームベースから離れて立ち、打ち返す」と、狙い通りの打撃で走者一掃の二塁打を放った。

昨秋の県大会は、準々決勝、3位決定戦とも逆転勝ちだった。西村主将は「昨秋以降、試合の入り方を大事にしている」と強調する。3年生22人で臨んでいる今大会。「何でも言い合える仲間なので、チームの雰囲気もすごく盛り上がっている」と勢いに乗って準々決勝に臨む。

兄もOB「次は打つ」 長野・若林主将

長野の捕手の若林亨矢《たかや》主将（18）は兄2人も野球部OBだ。戦後の長野高野球部に3兄弟が所属したのは31年ぶり2組目。

2回戦は父数矢さん（50）の母校篠ノ井に勝利。数矢さんのチームは当時夏の県大会の優勝候補筆頭だったが4回戦で敗退、その相手が長野だった。数矢さんは「長野を嫌っていたが、長男が入学して好きになった。三男が母校に勝ってうれしい」。

ただ、亨矢主将は3試合ノーヒット。長兄で県職員の知矢さん（23）と次兄で都内の大学生の尚矢さん（20）から電話で打撃の助言を受けた。亨矢主将は「家族の応援が力。4回戦で長野日大に勝って準々決勝に進みたい」と力を込めた。

練習する長野の若林主将＝7月30日

4回戦 8/1・長野オリンピックスタジアム

飯山 9－3 更級農

更級農	0	0	0	0	0	0	3	0	0	3
飯山	0	3	0	0	5	0	0	1	X	9

（更）利根川、宮坂、黒河内―高橋
（飯）常田、栗原、常田―佐藤留

【評】飯山は二回に馬場の適時打などで3点を先制。五回は5安打を集めて5点を加えた。常田は計8回1／3を投げ、16三振を奪う力投だった。
更級農は飯山の常田から得点できず、七回に救援投手から3点を返すにとどまった。

●**更級農・利根川**（4回2／3を投げ8失点）「点は取られたけれど、いつも以上に良い球を投げられた。支えてくれた後輩たちに感謝したい」

●**更級農・高橋主将**（七回に適時打）「後ろにつなぐ思いだけで打った。最後の試合で（昨夏の長野大会優勝の）飯山と対戦できて良かった」

飯山エース 二役の快投

更級農		打	安	点
①9	利根川	3	1	0
R	渡辺	0	0	0
98	小山	1	0	0
②	高橋	5	1	1
⑦	小松	3	1	0
④	鈴木	4	1	2
⑧1	黒河内	4	1	0
⑥	大田垣	2	0	0
H	北村	1	0	0
6	宮入	0	0	0
⑨	一由	1	0	0
1	宮坂	0	0	0
H	高野	1	0	0
9	石坂	1	0	0
③	古沢	4	0	0
⑤	山崎	3	1	0

振	球	犠	併	残	打	安	点
16	4	1	1	8	33	6	3

飯山		打	安	点
⑤	長崎	4	1	0
⑥	佐藤元	3	0	0
6	関	1	1	2
④	塚田	4	1	0
②	佐藤留	4	3	0
⑦	鈴木	4	2	0
③	田中	4	1	1
H3	黒岩	1	0	0
⑨	湯川	1	1	1
1	栗原	0	0	0
9	服部	1	1	1
①91	常田	5	0	0
⑧	馬場	5	2	3

振	球	犠	併	残	打	安	点
10	8	0	0	12	37	13	8

［二］鈴木、佐藤留［盗］更5飯3［失］更3飯1［暴］利根川、常田▽試合時間2時間11分

投手	回	打	安	失
利根川	4⅔	27	7	8
宮坂	1⅓	8	3	0
黒河内	2	10	3	1
常田	6	24	3	0
栗原	⅔	7	3	3
常田	2⅓	7	0	0

先発と救援で計８回1/3を無失点に抑えて勝ち、笑みを浮かべる飯山の常田（中央）

先発で流れつくり リリーフ火消し

エースが流れをつくり、反撃の火を消す―。飯山は先発、救援の二役をこなした右腕常田が計16三振を奪う快投。2年連続の8強入りをたぐり寄せたプロ注目の3年生は「そんなにたくさん三振が取れてびっくり。きょうはストレートの走りがすごく良かった」と晴れやかな笑みを浮かべた。

一回の先頭打者を3球三振に仕留めて勢いに乗った。大会前に自己最速を更新する146キロをマークした直球に加え、カーブやカットボールなど多彩な変化球で的を絞らせなかった。

8点リードを奪ったため、七回から右翼に回ったが、救援投手が打ち込まれると再登板。2死一、二塁のピンチも冷静に変化球で三振を奪い、最後まで投げきった。

3回戦までは投球後に体が一塁側に流れていたという。吉池監督の助言を受けてフォームを修正。直球の切れが良くなったという。「右翼から救援に入るのは初めてだったけれど楽しかった」と常田。「準々決勝以降はもっと甘い球を少なくして、しっかり投げたい」と大黒柱としての決意を口にした。

＊印はシード校

中信

1～4回戦

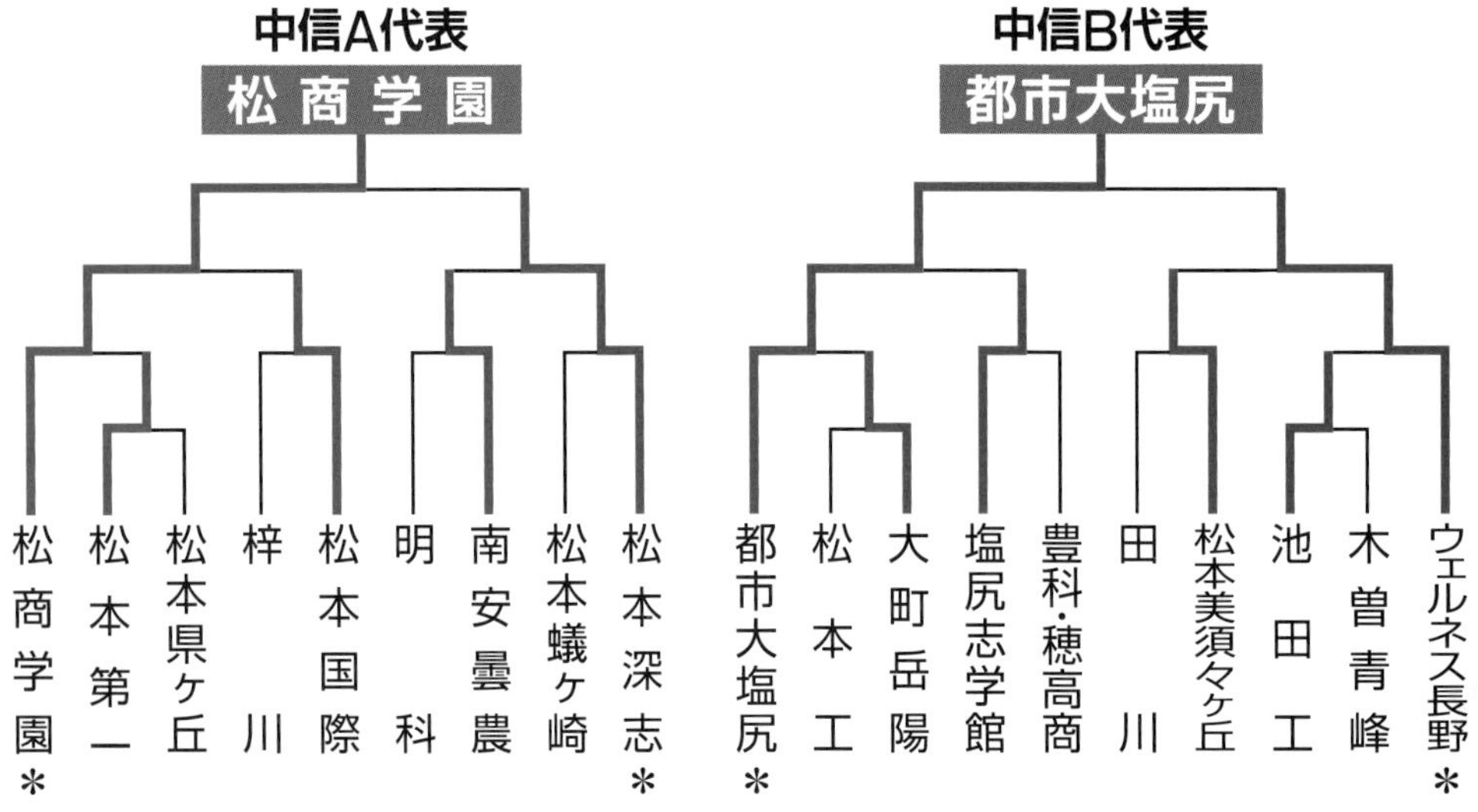

松本第一 県ヶ丘破る

1回戦　7/18・松本市四賀球場

松本第一 9－1 松本県ヶ丘

	1	2	3	4	5	6	7	計
松本県ヶ丘	0	0	0	0	1	0	0	1
松本第一	0	6	1	0	1	1	X	9

七回コールドゲーム
(県)堀内―高山 (第)細川―大沢結

●松本県ヶ丘・古田主将「自分たちは打線をつなぐチーム。チャンスをつくることはできたけれど、最後の一本が出なかった」

●松本第一・河野純主将（二回に左中間へ適時二塁打）「チャンスで1本出て良かった。ミスも出たので、引き締めて次の試合に臨みたい」

県ケ丘		打	安	点
⑧	県	4	0	0
①	堀内	2	1	0
⑥	山田	4	1	0
③	三好	2	0	0
⑤	塚田	2	0	0
④	小尾	2	1	0
⑦	古田	3	2	0
⑨	山口	2	1	0
②	高山	2	0	0

振球犠併残
4 3 4 0 8 23 6 0

松本第一		打	安	点
⑨	百瀬	4	0	0
④	久保田	4	2	1
③	高橋	3	1	0
H	大沢竜	1	0	0
5	浜島	0	0	0
⑤3	伊東	4	1	1
⑦	塩原	2	1	0
⑧	渡辺	2	2	1
②	大沢結	3	1	1
①	細川	3	2	2
⑥	河野純	3	1	1

振球犠併残
2 1 1 2 4 29 11 7

[二]高橋、河野純、久保田2[盗]県1第4[失]県1第2[暴]堀内3
▽試合時間1時間28分

投手	回	打	安	失
堀内	6	31	11	9
細川	7	30	6	1

勝利を収め、スタンドに向かってかけ出す松本第一ナイン

「次こそ戦う」不出場の蘇南高 アオダモ植樹

蘇南（木曽郡南木曽町）野球部は7月18日、1回戦が始まった松本市四賀球場の敷地にバットの原料になるアオダモの苗木を植えた。部員4人。昨年は他の部から助っ人を呼んで出場したが、今年は新型コロナウイルス感染拡大で練習できないため呼ばず、出場を断念。秋以降の公式戦に向け思いを新たにした。

3月末に完成し、初めて県大会の会場となった同球場を野球の聖地にし、選手の思いを未来に伝えようーと同市四賀地区の住民有志が企画。県高野連加盟の中信地区の21校が1本ずつ植える。

4人は苗木を穴に入れ、スコップで丁寧に土をかぶせた。スタンドで他校の試合も観戦。主将で2年の大久保和繁さん（16）は「他のチームの一体感を感じた。今後は絶対に出て一丸となって戦いたい」と話した。

四賀球場の敷地にアオダモの苗木を植える蘇南高野球部員

1失点完投した大町岳陽の井口

大町岳陽右腕 粘って完投

失って完封こそ逃したが、大町岳陽の右腕井口は粘りの投球で完投。相手との我慢比べを制し「ピンチの時こそ打たせて取るピッチングを意識できた」と汗をぬぐった。

七回まで両チーム無得点。毎回のように走者を背負った井口に対し、大町岳陽打線は五回まで無安打と劣勢だった。「先に失点しない気持ちだった」と井口。3点のリードを得て迎えた九回は、1死二、三塁のピンチで二走をけん制で刺し、傷口を広げなかったことが大きかった。

1回戦 7/18・松本市四賀球場

大町岳陽 3－1 松本工

松本工	0	0	0	0	0	0	0	0	1	1
大町岳陽	0	0	0	0	0	0	0	3	X	3

（松）百瀬圭―田倉 （大）井口―岩下

●松本工・猪瀬（九回2死から1点を返す左前打）「それまでの3打席が凡退していたので、絶対に後ろにつなぐ気持ちで打った」

松本工	打	安	点
⑥ 浅沢	5	0	0
⑦ 岩垂	4	1	0
⑧ 百瀬翔	4	2	0
② 田倉	3	2	0
① 百瀬圭	2	0	0
③ 岡本	3	0	0
④5 徳武	3	0	0
H 赤羽	1	1	0
⑤4 宮田	2	1	0
H 野村	1	0	0
⑨ 猪瀬	4	1	1

振	球	犠	併	残				
2	3	2	0	9	32	8	1	

大町岳陽	打	安	点
⑥ 三枝	3	1	0
⑧ 伊藤慎	4	0	0
② 岩下	3	2	0
⑤ 丸山	2	0	0
⑨ 吉原	2	0	0
④ 堀綾	2	0	1
⑦ 内山	3	1	2
① 井口	4	0	0
③ 西沢	3	0	0

振	球	犠	併	残				
9	7	2	0	8	26	4	3	

[二]岩下[盗]松1大0[失]松1大1[暴]百瀬圭
▽試合時間1時間45分

投手	回	打	安	失
百瀬圭	8	35	4	3
井口	9	37	8	1

池田工4番 燃えて殊勲打

1回戦 7/18・松本市四賀球場

池田工 6－2 木曽青峰

池田工	1	0	0	0	2	1	1	1	0	6
木曽青峰	0	0	0	0	0	0	0	2	0	2

（池）千国―松倉 （木）奈良、神田―寺平

「野球に出合った場所で、高校最後の試合ができて本当にうれしい」。池田工の降籏は松本市四賀地区出身で、改修前の四賀球場で少年野球を始めた。この日は3安打1打点の活躍で、3年ぶりの夏1勝に貢献。「4番の使命感で打てた」と息を弾ませた。

一回は先頭の小林が左中間を破る三塁打で出塁。後続が倒れて2死となったが「自分がかえす」と燃えていた。外の球を逆らわずに右前に運ぶ先制打。菊池監督は「点が入らなければ相手に流れがいっていた」と4番の殊勲打を評価した。

木曽青峰は昨秋の県大会に出場し、選抜大会21世紀枠の県推薦校にも選ばれた「格上」（菊池監督）。昨秋の中信予選で敗れた相手でもあり、降籏は「リベンジしたい思いだった」と強調する。

野球の楽しさを知ったのも小学生の時。甲子園の夢はかなわないが、「楽しい野球を最後までやり切る」と最後の夏に全力を注ぐ。

●木曽青峰・森監督「大会直前の大雨で休校になり、自宅が床下浸水した部員もいた。その中でも選手たちは一生懸命やってくれた」

●木曽青峰・長谷川（八回に右前適時打）「2年の奈良が打ったので、3年の自分もという気持ちだった。負けて悔しいけれど、やり切れた」

一回池田工業2死三塁、右前に先制打を放ち一塁に走る降籏。奥は三走小林

池田工	打	安	点
⑤ 小林	4	2	0
④ 坂井	3	0	0
② 松倉	4	1	2
⑧ 降籏	5	3	1
① 千国	4	1	0
⑥ 滝沢	3	0	0
③ 斎藤	2	1	0
⑨ 須沢	1	0	0
H9 荻原	1	1	0
⑦ 山崎	2	0	0
H7 滝川	0	0	1

振	球	犠	併	残				
9	7	6	1	9	29	9	4	

木曽青峰	打	安	点
①6 奈良	4	2	1
⑤ 長谷川	3	1	1
⑧ 鈴村	4	0	0
② 寺平	2	0	0
③1 神田	4	0	0
⑦ 徳原	3	0	0
H 相馬	1	1	0
⑥3 青木	3	0	0
⑨ 水野	4	0	0
④ 松原	2	0	0

振	球	犠	併	残				
7	4	1	0	6	30	4	2	

[三]小林[二]奈良、降籏[盗]池1木1[失]池1木0[暴]奈良、神田2
▽試合時間3時間55分（中断1時間32分）

投手	回	打	安	失
千国	9	35	4	2
奈良	5	21	4	3
神田	4	21	5	3

選手と歩む新米指導者 木曽青峰の県内最年少部長

大会初日、県内最年少の野球部長、木曽青峰の宮下虹夢《にじむ》さん（19）が4月の就任後、初の公式戦に挑んだ。池田工に敗れたが、最後まで選手たちの背中を押した。

小学2年から投手一筋だったが、6年生で肘を故障し中学時代は思うようにプレーできなかった。続けるかどうか悩んだが当時の部長に励まされ、高校3年までマウンドに立ち続けた。「選手に寄り添いたい」と指導者を志すように。高校を卒業した昨春、木曽青峰に実習助手として赴任。部長就任後は率先してノッカーや打撃投手を務め、選手の相談に乗る。

試合中は選手の好プレーに一緒になって喜び、バッターには「思い切って！」と鼓舞した。試合後には落ち込む選手に「上を向こう」と声を掛けた。

ベンチから選手を鼓舞する木曽青峰の宮下部長（右）

ウェルネス 不安拭う完勝

2回戦　7/19・松本市四賀球場

日本ウェルネス長野 9—0 池田工

ウェルネス	0	0	4	0	4	1	0	9
池田工	0	0	0	0	0	0	0	0

七回コールドゲーム
（ウ）織原、山中—兼子 （池）千国、滝川—松倉
▶本塁打 （ウ）関

五回ウェルネス一死満塁、関が本塁打を放ち8—0と突き放す

「歯車がなかなかかみ合わず、初戦敗退もあり得る」。春夏の甲子園で通算14勝を挙げた日本ウェルネス長野の中原監督も、コロナ禍に見舞われた今大会は危機感があったという。それでも、ふたを開けてみれば9得点のコールド発進だった。

練習試合でつながりを欠いていた打線が機能。三回に4番関川の適時打などで4点を奪うと、五回は1死満塁から7番関が高めの直球をバックスクリーン横に運ぶ満塁本塁打を放って突き放した。

大会前に4番を務めた時期もあるという関は「きょうの結果で調子が上がっていくと思う」と笑顔。中原監督も「いい形で点が取れて良かった」と安堵《あんど》していた。

●池田工・千国（2日連続の先発登板）「疲れはなかったけれど、甘いボールを捉えられてしまった。最少失点に抑えたかった」

ウェルネス		打	安	点
⑧	モリス	4	2	0
④	山上	2	0	1
⑥	佐藤優	3	1	0
⑦	関川	3	2	1
①9	織原	2	0	0
⑤	徳橋	2	1	2
H	小林	0	0	0
R	佐藤荒	0	0	0
5	奥野	0	0	0
③	関	2	2	4
3	鈴木	1	0	0
②	兼子	4	1	0
⑨	西宮	2	0	0
1	山中	0	0	0

振球犠併残
2 6 4 1 5 25 9 8

池田工		打	安	点
⑤	小林	3	1	0
④	坂井	3	1	0
②	松倉	2	0	0
⑧	降旗	2	0	0
①7	千国	3	1	0
⑥	滝沢	3	1	0
③	斎藤	2	0	0
H	山崎	1	0	0
⑦1	滝川	2	0	0
H	須沢	1	1	0
⑨	荻原	3	0	0

振球犠併残
12 2 0 0 6 25 5 0

三モリス 二関 盗ウ2池0 失ウ0池1 逸兼子
▽試合時間1時間44分

投手	回	打	安	失
織原	5⅓	19	2	0
山中	1⅔	8	3	0
千国	5	27	7	8
滝川	2	8	2	1

中軸コンビ躍動 松商6打点

2回戦　7/19・松本市四賀球場

松商学園 9—1 松本第一

松商学園	3	0	1	1	1	2	1	9
松本第一	1	0	0	0	0	0	0	1

七回コールドゲーム
（商）長野—依田 （本）塩原、花岡—大沢結
▶本塁打 （商）二村

一回松商学園無死二、三塁　二村の本塁打で3点先制

中信第1シード校の松商学園と、昨秋の県大会4位の松本第一が激突した注目の一戦は、勝負強い打線で得点を積み上げた松商学園に軍配が上がった。躍動したのが2人で計6打点を挙げた3、4番コンビだ。

チームに流れを呼び込んだのは3番の二村。一回無死二、三塁で打席に立つと「絶対に先制点を取りたかった」。甘いカットボールを振り抜き、豪快な右越え3ランを放った。

この大会第1号本塁打が4番打者の心に余裕をもたらした。「あの本塁打で気持ちが楽になった」と辻。力まず打席に立った三、六回に適時二塁打を放ち、大勢を決する追加点をたたき出した。

●松本第一・田中監督「松商学園の（エース）長野君の低めのスライダーが想像以上に良かった。いま持っている力は出せた。相手の力が上だった」

●松本第一・塩原（5回6失点）「立ち上がりはストライクゾーンに甘く入ってしまった。練習試合はいい投球ができたのに…。公式戦は違った」

松商学園		打	安	点
④	田所	4	2	1
⑦9	菱田	2	1	0
⑧	二村	4	1	3
③	辻	3	2	3
⑨	保田	4	0	0
7	大沢	0	0	0
②	依田	4	2	0
⑥	高崎	2	1	1
⑤	夜久	3	0	0
①	長野	3	1	1

振球犠併残
1 5 3 2 7 29 10 9

松本第一		打	安	点
⑨	百瀬	2	0	0
④	久保田	3	0	0
③	高橋	3	1	0
⑤	伊東	3	1	0
①7	塩原	3	0	1
⑧	渡辺	2	1	0
H	大沢竜	1	1	0
R	祢津	0	0	0
②	大沢結	3	0	0
⑦	小山	1	0	0
H	石井	0	0	0
R	西島	0	0	0
1	花岡	0	0	0
⑥	河野純	2	0	0

振球犠併残
7 2 0 0 3 23 4 1

三長野 二菱田、辻2、依田 盗商1第0 失商0第1
▽試合時間1時間48分

投手	回	打	安	失
長野	7	25	4	1
塩原	5	26	8	6
花岡	2	11	2	3

松本国際 納得の投球

2回戦　7/23・松本市四賀球場

松本国際 11—0 梓川

松本国際	6	0	0	2	0	0	3	11
梓川	0	0	0	0	0	0	0	0

七回コールドゲーム
（松）神農、金成—上條、山田 （梓）逸見—竹田

●松本国際・神農（5回4安打無失点）「ブルペンの調子が悪かったので、力まずコントロール重視で投げた。自分らしい投球ができた」

●梓川・亀井主将（2安打）「出塁することで打線をつないで、チームの役に立とうと心掛けた。自分にできる最大限のプレーはできた」

松本国際		打	安	点
⑨	中嶋遥	3	2	1
H	杉浦	1	0	0
1	金成	1	0	0
⑧	中沢	5	1	0
③	土田	2	1	2
H	伊藤	1	0	0
9	森本	0	0	0
②	上條	3	0	0
5	林	0	0	0
④	植松	3	1	2
H	梅本	1	0	0
R4	山下	0	0	0
⑦	玉置	4	1	0
⑤	石坂	2	1	0
H2	山田	0	0	0
①	神農	2	0	0
3	白川	1	1	1
⑥	金子	3	3	4

振球犠併残
6 6 0 2 6 32 11 10

梓川		打	安	点
⑥	倉谷	3	1	0
④	丸山	3	0	0
⑧	亀井	3	2	0
⑤	高橋	3	0	0
②	竹田	3	0	0
①	逸見	3	1	0
③	山口	3	0	0
⑧	神部	2	1	0
⑨	中山	2	1	0

振球犠併残
5 0 0 0 4 25 6 0

三金子2、中嶋遥 二中嶋遥、土田、玉置 盗国1梓0 失国0梓1 暴逸見 逸竹田
▽試合時間1時間36分

投手	回	打	安	失
神農	5	18	4	0
金成	2	7	2	0
逸見	7	38	11	11

都市大塩尻 焦らず勝利

2回戦　7/19・松本市四賀球場

東京都市大塩尻 10—1 大町岳陽

大町岳陽	1	0	0	0	0	0	0	1
都市大塩尻	4	2	0	4	0	0	X	10

七回コールドゲーム
（大）丸山、井口、堀綾—岩下 （都）武居、城倉—小俣

●都市大塩尻・紅林（3安打1打点の活躍）「先制されても焦らず、1点ずつ取れた。自分の結果よりもチームの勝利に貢献できればいい」

●大町岳陽・岩下（一回に先制適時三塁打）「強い気持ちでスイングできた。負けてしまったけれど、仲間同士の声掛けなど全力は出せた」

大町岳陽		打	安	点
⑥	三枝	3	1	0
⑧	伊藤慎	3	1	0
②	岩下	3	1	1
①53	丸山	3	1	0
⑨	吉原	2	1	0
④1	堀綾	3	0	0
⑦	内山	3	0	0
③	西沢	1	0	0
4	中山	0	0	0
⑤15	井口	2	0	0

振球犠併残
8 2 0 0 3 23 5 1

都市大塩尻		打	安	点
⑥	宝	3	2	0
④	紅林	4	3	1
③	成田	2	2	2
H	柿沢	0	0	0
8	北松	0	0	0
⑦	熊井	2	0	0
⑨	萩野	2	0	1
R9	降幡	1	0	0
H	井原	1	0	0
9	花村	0	0	0
①	武居	2	2	1
1	城倉	1	1	0
②	小俣	2	1	2
⑤	塩原	2	1	1
H5	北沢	2	0	0
⑧	大沢	1	0	0
H	小山	1	0	0
3	飯田	1	0	0
3	向山	0	0	0

振球犠併残
0 6 3 0 8 27 12 8

三岩下、成田、紅林、小俣 二宝 盗大0都1 失大2都0
▽試合時間1時間37分

投手	回	打	安	失
丸山	3	18	6	6
井口	1	8	5	4
堀綾	2	10	1	0
武居	3⅓	13	2	1
城倉	3⅔	12	3	0

松本深志 迷いなき走力

2回戦 7/23・松本市四賀球場

松本深志 7－5 松本蟻ヶ崎

	1	2	3	4	5	6	7	8	9	計
松本蟻ヶ崎	0	0	1	0	1	0	1	0	2	5
松本深志	2	0	1	0	0	0	3	1	X	7

(蟻)菅谷空、吉村、中村―有田 (深)早川、松田、川北―深沢

12盗塁マークし 競り合い制す

松本深志は磨いてきた機動力を発揮し、12盗塁をマーク。7得点のうち6得点に盗塁やエンドランを絡め、2点差の競り合いを制した。

七回の勝ち越し点も、記録には残らない機動力によって生まれた。簡単に2死を取られたが、死球で出塁した桜井が深沢への初球に二盗。2球目を打った深沢の打球が二遊間に転がったのを見た桜井は「相手の内野手に隙があった」と迷わず本塁へ。内野安打となる間に生還を果たした。

「走塁は1年間ずっと意識して練習してきた。競った試合の中でいい判断ができた」と桜井。チームのスタイルを前面に出して勝ち取った白星に胸を張った。

●松本蟻ヶ崎・菅谷空主将「負けて悔しいけれど、競った試合ができてよかった。点を取られても取り返す強い気持ちで最後までプレーできた」

七回松本深志2死二塁、深沢の内野安打の間に一気にホームインし、ジャンプして喜ぶ二走桜井

蟻ヶ崎		打	安	点
⑥	畔田	3	2	0
⑧	西沢	2	0	1
⑨	永森	5	1	0
①7	菅谷空	4	2	1
③	松原	5	1	1
②	有田	1	0	1
⑤	青木	4	1	0
⑦	米山	2	1	0
1	吉村	0	0	0
1	中村	2	0	0
④	福迫	4	1	0

振球犠併残
1010 2 0 1232 9 4

松本深志		打	安	点
⑧	山崎	3	0	0
④6	白橋	4	2	0
③	宮下	5	1	2
①4	早川	2	0	0
⑦	桜井	3	0	2
②	深沢	5	1	1
⑨	菱沼	2	0	0
H	大平	0	0	0
9	逸見	1	0	0
⑤	山口	3	1	2
⑥	小山	2	2	0
1	松田	0	0	0
H	宮原	0	0	0
R	林	0	0	0
1	川北	0	0	0

振球犠併残
1 11 2 0 1230 7 7

[二]菅谷空、山口[盗]蟻0深12[失]蟻2深2[暴]菅谷空、松田▽試合時間2時間26分

投手	回	打	安	失
菅谷空	6	29	5	3
吉村	⅔	7	2	3
中村	1⅓	7	0	1
早川	4⅓	20	1	2
松田	2⅔	12	5	1
川北	2	12	3	2

背番号1美須々けん引

2回戦 7/23・松本市四賀球場

松本美須々ヶ丘 7－0 田川

	1	2	3	4	5	6	7	8	計
松本美須々	0	0	0	0	3	0	2	2	7
田川	0	0	0	0	0	0	0	0	0

八回コールドゲーム
(松)丸山―吉田 (田)菊島、高木―塩原

「全てにおいて丸山のチーム」。松本美須々ヶ丘の両角監督が全幅の信頼を寄せる3年生が投打で活躍し、快勝の原動力になった。

マウンドでは「序盤は球が散らばった」と細かな制球に苦労したが、低めに集めて凡打の山を築いた。四回までは一人の走者も許さない完璧な内容だった。

その力投に自ら報いたのが五回の打席。下位打線がつながって1死一、三塁の先制機をつくり、1番の丸山に打順が回った。カウント3―1から「とにかくセンター方向に」と甘く入ったスライダーをたたき、二塁手の頭上を越える二塁打で2者を迎え入れた。

「丸山が勢いをつけてくれた」と両角監督。殊勲の背番号1は、ウェルネス長野との次戦に向けて「ギアを上げたい」と決意していた。

●田川・菊島「先に失点したくなかったが、(3失点の五回は)甘く入った球を仕留められた。変化球に狙いを絞られていた」

六回2死一、三塁のピンチを切り抜け、笑顔でベンチに引き揚げる美須々ヶ丘の丸山(左)と吉田

美須々丘		打	安	点
①	丸山	2	1	2
⑧	小松	4	1	0
⑥	太田	4	1	1
③	古畑	4	2	2
⑦	原	4	0	0
7	高島	0	0	0
②	吉田	4	2	0
⑤	南沢	3	2	1
④	宮瀬	2	0	0
⑨	水谷	3	0	0

振球犠併残
5 6 3 1 8 30 9 6

田川		打	安	点
⑤	白木	4	0	0
⑧1	高木	4	1	0
⑦	高橋	3	0	0
⑨	小口	3	1	0
⑥	斉藤	2	0	0
②	塩原	3	1	0
③	奈良井	2	1	0
④	中野	2	0	0
①	菊島	1	0	0
8	吉沢	0	0	0
H	山口	1	0	0

振球犠併残
4 3 1 0 5 25 4 0

[三]吉田[二]南沢、丸山[盗]美0田1[失]美0田2▽試合時間1時間55分

投手	回	打	安	失
丸山	8	29	4	0
菊島	5	22	6	3
高木	3	17	3	4

堅守光った南安曇農

2回戦 7/24・松本市四賀球場

南安曇農 5－0 明科

	1	2	3	4	5	6	7	8	9	計
南安曇農	0	0	1	0	0	0	0	3	1	5
明科	0	0	0	0	0	0	0	0	0	0

(南)熊井―村松 (明)吉田―宮尾

無失点で初戦を突破

二回以降は毎回走者を出したものの、要所での堅守が光って無失点で初戦を突破した南安曇農。自主練習では打撃より守備に力を入れてきた選手たちに対して、北沢監督は「本番で100点が出た」と賛辞を贈った。

ハイライトは1点を先制した直後の三回。下位の連打で無死二、三塁のピンチを迎えた。「1点は仕方ない」と北沢監督。ただ、選手たちは「1点もあげたくない」(熊井)と強気だった。

前進守備の二塁手正面にゴロを打たせ、本塁を狙った三走をタッチアウト。続く1死一、三塁では浅い中飛で三走がタッチアップ。本塁への返球はそれたが、捕手の村松がうまくカバーして間一髪のタイミングで生還を許さなかった。

「1点でも取られたら精神的にきつかった。しっかり守れた」と村松。熊井は「仲間を信じて投げることができた」と心地よさそうに汗をぬぐった。

●明科・宮尾主将「(投手の)吉田は良い球がきていた。終盤まで1失点で頑張ってくれていたので、チャンスで点を取ってあげたかった」

三回明科無死二、三塁、二ゴロで本塁を狙った三走の生還を阻止する南安曇農の捕手村松

南安曇農		打	安	点
⑨	緒方	5	1	0
⑦	大坂	3	1	1
⑥	山田深	5	3	0
④5	保科	5	3	2
③	川上	5	1	1
⑧	岩本	3	1	0
⑤	丸山伊	3	0	0
4	竹村	0	0	0
②	村松	3	0	0
①	熊井	4	0	0

振球犠併残
8 3 2 1 9 36 10 4

明科		打	安	点
②	宮尾	4	0	0
⑥	関	4	1	0
⑤	前田	4	0	0
③	塚原	4	1	0
⑦	多田羅	3	0	0
⑧	須山	3	1	0
①	吉田	3	0	0
④	飯田	3	1	0
⑨	関川	3	1	0

振球犠併残
6 4 1 0 9 31 5 0

[三]山田深、緒方[二]山田深、保科[盗]南0明0[失]南1明2[暴]熊井[逸]宮尾▽試合時間1時間52分

投手	回	打	安	失
熊井	9	36	5	0
吉田	9	41	10	5

豊科・穂高商連合 白星ならず

バッテリー全力尽くす

豊科・穂高商のバッテリーは、投手の竹内が豊科で、捕手の滝沢は穂高商の選手。相手打線の勢いを止められず初戦突破はできなかったが、限られた練習環境の中で息を合わせてきた成果は出し切った。

七つの球種を持つ竹内に対して、滝沢は「最初はかなり戸惑った」と振り返る。週末の練習試合を含めて週3回しかない合同練習で試行錯誤を重ね、この日の竹内は「サインに一度も首を振らなかった」。負けた悔しさの中にも、全力を出せた喜びが3年間の思い出とともに残った。

●塩尻志学館・村井（3安打）「最初の打席で初球から積極的に振ると決めていて、それがタイムリーヒットになったので乗っていけた」

2回戦 7/24・松本市四賀球場

塩尻志学館 9－2 豊科・穂高商

塩尻志学館	0	1	2	0	2	3	1	9
豊科・穂高商	0	0	0	0	2	0	0	2

七回コールドゲーム

（塩）降籏、中山、荒井、村上―村井 （豊）竹内―滝沢

志学館		打	安	点
⑦	岩原	4	0	0
①9	降籏	4	2	1
⑧	仲田	2	1	1
⑤15	荒井	4	2	1
③	百瀬	3	0	0
②	村井	4	3	1
④54	石橋	3	2	1
⑥	米山	4	1	1
⑨	神戸	2	0	0
1	中山	0	0	0
H	北川	1	0	0
4	味沢	0	0	0
1	村上	0	0	0

振球犠併残
4 2 2 1 5 31 11 6

豊科穂高商		打	安	点
⑥	稲葉	2	0	0
⑧	根本	4	2	0
②	滝沢	4	1	1
①	竹内	4	1	1
③	関	3	0	0
④	林	4	1	0
⑦	猪股	2	1	0
⑨	平林	2	0	0
⑤	丸山	2	0	0

振球犠併残
6 5 1 1 10 27 6 2

三石橋、降籏 二荒井2、仲田、降籏、滝沢、竹内、村井 盗志3豊0 失志2豊5 暴竹内 ▽試合時間1時間47分

投手	回	打	安	失
降籏	4	17	3	0
中山	1	7	3	2
荒井	1	5	0	0
村上	1	4	0	0
竹内	7	35	11	9

磨いた両投げ両打ち
塩尻志学館3年・降籏選手

塩尻志学館の投手として先発した3年降籏豪選手（17）は、大会出場選手唯一の両投げ両打ちだ。子どもの頃からの両利きを野球に生かしてきた。

父親とキャッチボールを始めた小学1年の頃「自然と両投げになった」。小学2年で地元チームに入り、その後は俊足を生かして一塁に近い左打ちに。現在は相手投手が左利きの場合は右打席に入るなど、左右を切り替えている。両利き用の特注グラブを使い、昨年は右投げで練習試合に臨んだこともある。今は左投げが中心。

卒業後は大学に進学して野球を続ける気持ちが強くなった。「甲子園大会はなくなっても野球はなくならない。本当の意味で両投げ両打ちと呼ばれる選手になりたい」

左投げでキャッチボールする降籏選手＝7月17日

初回に一気呵成 ウェルネス流れ渡さず

3回戦 7/26・松本市四賀球場

日本ウェルネス長野 12－0 松本美須々ヶ丘

ウェルネス	5	1	3	1	2	12
松本美須々	0	0	0	0	0	0

五回コールドゲーム
（ウ）織原―兼子、中山
（松）丸山―吉田
▶本塁打（ウ）関川

日本ウェルネス長野は「チームとして最も大事にしている」（佐藤）という一回の攻防で圧倒。隙を見せず、2試合連続のコールド勝ちで4回戦に駒を進めた。

左前打で出塁したモリスがすかさず盗塁。失策も絡んで三塁まで進み、四球を選んだ山上も盗塁を決めて無死二、三塁とした。「低めの変化球は捨てていた」という佐藤が、高めに抜けた変化球を中前にはじき返した。4番関川が犠打で好機を広げるなど、攻撃の手を緩めずに5得点。先発織原がその裏を三者凡退に抑え、試合の流れをがっちりつかんだ。

その後の攻撃も先頭打者の出塁を得点に結び付けた。中原監督は「先頭打者が出て、相手の最初は切る。狙い通りの野球を選手たちがしてくれた」と満足げにうなずいた。

【評】日本ウェルネス長野は一回、5安打に3盗塁を絡めた攻撃で5得点。主導権を握ると、三回の関川の2ランなどで得点を重ね、押し切った。
松本美須々ヶ丘は織原の直球に対応できず、わずか1安打。反撃の糸口をつかめなかった。

●松本美須々ヶ丘・原主将「外角の速球に対応する練習を生かせず悔しい。エースでも抑えきれないほどの強力打線に力が及ばなかった」

●松本美須々ヶ丘・小松（チーム唯一の安打）「際どいコースの速球だったが、練習を思い出して対応できた。無安打を阻止できてよかった」

ウェルネス		打	安	点
⑧	モリス	3	1	0
④5	山上	1	1	0
⑥	佐藤	2	1	3
⑦	関川	1	1	3
H	小林	0	0	0
R	浅沼	0	0	0
7	山口	0	0	0
①	織原	4	2	2
⑤	徳橋	3	2	1
4	藤田	1	0	0
③	関	3	2	2
3	鈴木	0	0	0
②	兼子	3	1	0
2	中山	0	0	0
⑨	西宮	2	2	1

振球犠併残
0 5 6 0 7 23 13 12

美須々丘		打	安	点
①	丸山	2	0	0
⑧	小松	2	1	0
⑥	太田	2	0	0
③	古畑	2	0	0
⑦	原	2	0	0
②	吉田	2	0	0
⑤	南沢	2	0	0
④	宮瀬	1	0	0
⑨	水谷	1	0	0

振球犠併残
5 0 0 0 1 16 1 0

二兼子 盗ウ7美0 失ウ0美2 ▽試合時間1時間6分

投手	回	打	安	失
織原	5	16	1	0
丸山	5	34	13	12

一回ウェルネス1死一、二塁、徳橋の右前打で三塁を回る二走佐藤

つないだ松商 気合の逆転劇

主将で1番二塁手の田所が2回戦で負傷し、この日は記録員としてベンチ入り。松商学園は序盤、「主将の穴を埋めようと気負っていた」（足立監督）が、4点を追う五回に集中力を取り戻し、逆転に成功した。

口火は公式戦初先発の大沢。「ボールがよく見えている」と好調な背番号17が右前打で出塁すると、それまで隙のなかった松本国際の先発永田が制球を乱した。3連続四死球で1点を返し、なおも1死満塁で打席の高崎は「頼りになる中軸につなぐ意識だった」。コンパクトに振り抜いた中越え二塁打で走者一掃。続く二村の右前打で勝ち越した。

先発長野も「逆転してもらって気合が入った」と、終盤は切れのある直球を軸に反撃を許さなかった。劣勢をはねのけ、長野は「団結力が強まる1勝になる」と喜びをかみしめた。

松本国際		打	安	点
③	白川	2	0	0
7	玉置	2	1	0
H	上條	1	0	0
⑧	中沢	4	1	0
H	梅本	1	0	0
⑨	中嶋遥	3	0	0
⑦3	土田	3	1	3
④	植松	2	2	0
⑥	金子	4	1	0
①	永田	2	1	1
1	神農	2	1	0
②	山田	4	0	0
⑤	石坂	2	0	0
H	杉浦	1	0	0

振	球	犠	併	残	打	安	点
12	3	2	1	7	33	8	4

松商学園		打	安	点
⑨	菱田	3	1	2
⑥	高崎	4	1	3
⑧	二村	4	2	1
③	辻	4	1	0
②	依田	3	0	0
⑦	大沢	3	2	0
⑤	夜久	3	1	1
①	長野	1	0	0
④	原	0	0	0

振	球	犠	併	残	打	安	点
4	6	4	0	4	25	8	7

二 植松、高崎 盗 国0商0 失 国0商0 ▽試合時間2時間8分

投手	回	打	安	失
永田	4 1/3	21	4	5
神農	3 2/3	14	4	2
長野	9	38	8	4

3回戦 7/26・松本市四賀球場

松商学園 7－4 松本国際

松本国際	0	1	3	0	0	0	0	0	0	4
松商学園	0	0	0	0	5	1	0	1	X	7

（国）永田、神農―山田（商）長野―依田 ▶本塁打（本）土田

【評】松商学園は4点を追う五回、1死満塁から押し出し死球と高崎の3点二塁打などで5点を挙げて逆転。長野は尻上がりに調子を上げた。

松本国際は三回の土田の3点本塁打などで先手を取ったが、永田が五回に3四死球と乱調だった。

●松本国際・土田（三回に公式戦初本塁打）「今までは勝負弱かったが、最後の試合で3年間の成果を出せた。思い出に残る一打になる」

●松本国際・永田（五回に5失点）「無失点で切り抜けようと、直球頼みになったのが裏目に出た。先制してくれた仲間に恩返しできず悔しい」

松本深志3年生奮起 下級生の成長が刺激に

一回松本深志無死一、二塁　山崎の投手強襲二塁打で二走早川が先制のホームイン

【評】松本深志は13安打と打線が活発だった。一回、早川からの3連打で先制し、その後も二つの犠飛などで4得点。流れをつかむと、三、四回も長打で効果的に加点した。

南安曇農は難しい球に手を出し、2安打と打線がつながらなかった。

●南安曇農・山田深主将「試合開始が遅れたが、予想はしていたので不安なく試合に入った。シード校に力の差を見せつけられた」

3回戦 7/27・松本市四賀球場

松本深志 9－0 南安曇農

松本深志	4	0	1	4	0	0	0	9
南安曇農	0	0	0	0	0	0	0	0

七回コールドゲーム
（松）川北、林―深沢（南）熊井―村松

松本深志は打線が流れるようにつながり、一回に4得点。先制攻撃で流れをつかみ、南安曇農にコールド勝ちした。松本蟻ケ崎に7―5と苦しめられた2回戦からの成長を示し、主将の早川は「うまく修正できた」とうなずいた。

先頭の早川が中前打で出塁し、続く白橋は「初戦で（12盗塁と）走りまくったので、警戒して直球でくると読んだ」と初球を右前打。無死一、二塁で山崎は「2人が良い雰囲気をつくってくれた。甘い球に反応できた」。投手強襲の二塁打で先取点を奪うと、その後も桜井と深沢の犠飛などで得点を重ねた。

2回戦は白橋、宮下ら下級生が活躍し、「後輩に助けられた。3年生の目の色が変わった」と早川。2回戦は無安打だった早川と山崎が打線をけん引し、投手陣も川北と林の3年生が無失点リレーで意地を見せた。白橋が「先輩たちのスイッチが入った。足を引っ張らないように気合が入った」と話したように、3年生の奮起が下級生にも好影響を及ぼしている。

松本深志		打	安	点
④	早川	4	2	0
⑤	白橋	4	3	2
⑧	山崎	3	2	2
③	宮下	4	1	2
⑦	桜井	3	0	1
②	深沢	3	0	1
⑥	小山	3	2	0
⑨	逸見	4	2	0
1	林	0	0	0
①9	川北	3	1	1

振	球	犠	併	残	打	安	点
3	1	3	0	5	31	13	9

南安曇農		打	安	点
⑨	緒方	3	0	0
⑦	大坂	3	0	0
⑥	山田深	2	0	0
④	保科	3	0	0
③	川上	3	1	0
⑧	岩本	3	0	0
⑤	丸山伊	2	0	0
②	村松	2	0	0
①	熊井	2	1	0

振	球	犠	併	残	打	安	点
5	1	0	1	3	23	2	0

二 山崎2、川北、白橋 盗 深5南0 失 深1南0 暴 熊井

▽試合時間1時間20分

投手	回	打	安	失
川北	6	21	2	0
林	1	3	0	0
熊井	7	35	13	9

五回都市大塩尻無死一、三塁、柿沢の左犠飛で生還し、喜ぶ三走熊井

都市大塩尻 勢い前へ前へ

3回戦 7/26・松本市四賀球場

東京都市大塩尻 5－2 塩尻志学館

塩尻志学館	0	0	0	0	1	0	1	0	0	2
都市大塩尻	1	0	0	2	2	0	0	0	X	5

（塩）降籏、荒井、村上－村井 （都）成田－小俣

雨にも負けず 投打かみ合う

1点リードで迎えた四回2死一、三塁。東京都市大塩尻の宝は初球に狙いを張っていた。「1球目は直球が多いと感じた。チャンスに初球の甘い球を逃して凡退した前の打席の分も取り返したかった」。痛烈な打球で左中間を破り、2点を追加。初戦は4回無失点だった塩尻志学館の降籏をこの回限りで降板させると、勢いに乗った五回も柿沢の犠飛などで2点を加えて白星をぐっと引き寄せた。

今大会初登板だったエース成田は、雨でぬかるむマウンドでも最後まで制球を乱さなかった。計7四死球だった相手投手陣に対し、成田は「踏ん張って投げる意識で」わずか1四球。長島監督も「難しい天候でも粘り強く、冷静だった」と、リードを守り抜いた右腕をたたえた。

投打がかみ合い、4回戦進出。初戦は途中出場の柿沢、ベンチ外だった清水が先発出場で活躍するなど選手層も厚みを増す。8月2日の日本ウェルネス長野戦に向け、指揮官は「十分な準備期間がある。調子をしっかり見極め、万全の準備で臨みたい」と力強かった。

志学館	打	安	点
⑦ 岩原	4	2	1
①9 降籏	4	1	0
⑧ 仲田	3	0	0
⑤15 荒井	4	2	0
③ 百瀬	4	0	0
② 村井	4	0	0
④54 石橋	4	1	0
⑥ 米山	3	0	0
H 北川	1	0	0
⑨ 神戸	1	0	0
H4 味沢	1	1	1
1 村上	1	0	0

振球犠併残
11 1 0 0 6 34 7 2

都市大塩尻	打	安	点
⑥ 宝	3	1	2
④ 紅林	5	1	0
① 成田	4	1	0
⑦ 熊井	4	1	1
③ 武居	2	0	0
H 花村	0	0	0
3 飯田	1	0	0
⑨ 柿沢	3	1	1
⑧ 清水	1	0	0
R8 大沢	0	0	0
② 小俣	4	0	0
⑤ 塩原	4	1	0

振球犠併残
4 7 2 3 1 31 6 4

[三]熊井、宝、石橋 [二]成田、降籏、岩原 [盗]志2都1 [失]志3都3 ▽試合時間2時間2分

投手	回	打	安	失
降籏	4	20	5	3
荒井	1	7	0	2
村上	3	13	1	0
成田	9	35	7	2

●塩尻志学館・仲田主将「相手はしっかりアウトを重ねたが、自分たちは勝負どころで守りのミスが出た。緊張から全体的に硬さがあった」

●塩尻志学館・味沢（五回に代打で適時打）「初球から強気で打ちにいった。ベンチの声も最後まで弱まることなく前向きに試合に臨めた」

【評】東京都市大塩尻は四回に宝の２点三塁打で点差を広げ、五回は柿沢の犠飛などで２点を加えた。先発成田は毎回のように走者を背負ったが、逆転を許さなかった。

塩尻志学館は投手陣が７四死球と乱調。失点につながる失策も響いた。

女子マネジャー 志願の記録員
都市大塩尻・秋田さん

3回戦で塩尻志学館を破った都市大塩尻。記録員としてベンチ入りした3年生の女子マネジャー秋田琴海《ことみ》さん(18)は後方支援で勝利に貢献した。

中学時代に高校野球の試合を観戦したのを機に「一生懸命プレーする選手を陰ながら応援したい」とマネジャーとして入部。スコアの記録だけでなく、相手選手の打撃傾向や戦略の変化などを味方へ伝える役割を担う。「5番、センターへ打っています」。26日の試合でも、打席に入る相手打者の前打席での成績などを大声で味方選手へ伝え、野手の守備位置を微調整を助けた。

昨年夏から記録員は男子部員が務めることになり、秋田さんが公式戦でベンチに入る機会はなくなったが「悔いを残さずやり遂げたい」との思いを受けた監督が、今大会の記録員を秋田さんに託した。

相手選手を観察し、スコアを付ける秋田さん

4回戦　8/2・松本市四賀球場

松商学園 3－2 松本深志

松商学園	1	1	1	0	0	0	0	0	0	3
松本深志	0	0	0	0	0	1	0	0	1	2

（商）長野―依田　（本）早川、林、川北―深沢

松商学園			打	安	点
④		田所	4	1	0
⑨	7	菱田	4	1	0
⑧		二村	3	0	0
③		辻	4	0	0
②		依田	3	1	1
⑥		高崎	3	1	1
⑦		大沢	2	0	0
H		坂本	1	0	0
9		保田	0	0	0
⑤		夜久	3	1	0
①		長野	2	0	0

振	球	犠	併	残			
5	8	3	3	10	29	5	2

松本深志			打	安	点
①	4	早川	4	0	0
④	5	白橋	4	1	1
⑧		山崎	3	0	0
③		宮下	2	0	0
H	3	大平	2	1	0
②		深沢	4	2	0
⑦		桜井	4	2	1
⑤		山口	1	0	0
1		林	0	0	0
H	9	逸見	1	0	0
R	9	菱沼	1	0	0
⑨	1	川北	3	0	0
⑥		小山	3	1	0

振	球	犠	併	残			
9	2	0	0	5	32	7	2

［二］深沢、高崎、小山［盗］商4深0［失］商2深3［暴］林［逸］依田▽試合時間2時間16分

投手	回	打	安	失
長野	9	34	7	2
早川	2	11	3	2
林	3	15	1	1
川北	4	14	1	0

【評】松商学園は一回に依田、三回に高崎の適時二塁打などで小刻みに得点し、主導権を握った。長野が2失点完投し、リードを守り切った。
松本深志は六回に白橋の適時打で反撃し、九回に桜井の適時打で1点差に迫ったが、あと一歩及ばなかった。

松本深志の反撃振り切る

光った力投 松商エース

中信第1シードの松商学園はエース長野の力投が光り、夏の公式戦は6年連続の8強入り。松本深志の反撃を1点差で振り切った右腕は「自分が抑えてやるという気持ちだった」と振り返った。

三回までに3点を先行したものの、四回以降は何度も得点圏に走者を進めながら後続が凡退。六回に1点を返され、九回には1死一、二塁から適時打を浴び、1点差に詰め寄られた。

なおも一、二塁のピンチは続いたが、「低めに投げ、守ってもらう意識だった」と長野。外角のカットボールで三ゴロ併殺に打ち取り、試合を締めた。

ここまで3試合計25回を一人で投げ抜いてきた。準々決勝で昨秋の県大会を制した上田西に挑む長野は「投手の軸として、自分で投げきる気持ちでいきたい」と頼もしく言い切った。

●**松本深志・川北**（4回無失点の好救援）「勝ちに結び付く投球を心掛け、（試合の）後半は流れが良くなった。敗れたけれど悔いはない」

●**松本深志・桜井**（九回に適時打）「押せ押せムードだったので追い込まれる前に打とうと思った。松商を相手に思い切りプレーできて良かった」

2失点完投勝利した松商学園の長野

3回都市大塩尻二死満塁、成田の右前適時打で三走宝がサヨナラのホームイン（捕手兼子）

4回戦 8/2・松本市四賀球場

東京都市大塩尻 10—9 日本ウェルネス長野

	1	2	3	4	5	6	7	8	9	10	11	12	13	計
ウェルネス	0	0	0	0	3	2	0	0	2	0	0	0	2	9
都市大塩尻	0	1	2	0	0	1	1	2	0	0	0	0	3x	10

延長十三回タイブレーク
（ウ）織原、山中、織原—兼子 （都）成田、城倉—松田 ▶本塁打 （都）清水

タイブレークで2点差はね返す

東京都市大塩尻は九回に追い付かれ、タイブレークに突入した延長十三回は2点を追う側に回った。一球ごとに歓声とため息が交錯する緊迫感に満ちた展開。そんな状況下で選手たちが底力を発揮した。

無死一、二塁から攻撃を開始するタイブレーク。都市大塩尻は主将の塩原が送りバントを決め、1死二、三塁で打順は1番宝に回った。

五回2死満塁からの一塁悪送球で3点を与えてしまった遊撃手は、「チームを苦しめた分を何としても取り返したい」一心だった。カウント2—2からの5球目を左前に打ち返し、まず1点。長島監督は「あの場面でヒットを出してくれた。勇気をもらった」。

代打小山の左前適時打で9—9の同点に追い付き、2死後に得た死球で満塁に。この日は安打がなかった成田が2ボール1ストライクからの直球を右翼線に運んだ。先発も担った5番打者は「投手の立場からすると変化球を低めに決めるのは難しい。真っすぐ狙いだった」と振り返り、人生初のサヨナラ打を喜んだ。

3時間23分に及んだ接戦を制した長島監督は「しんどかった」と息をついた。夏の苦しい試合をものにしたナインは、一層たくましさを増して準々決勝の舞台に乗り込む。

都市大塩尻 13回にドラマ

ウェルネス			打	安	点
⑧		モリス	6	4	0
④		山上	3	1	0
H		鈴木	1	1	0
R	4	藤田	1	0	0
H		山口	1	1	1
4		渋谷	0	0	0
⑥		佐藤	7	1	1
⑦		関川	7	2	2
①	31	織原	7	1	0
⑤		徳橋	4	2	0
③		関	0	0	0
1		山中	4	2	0
3		奥野	0	0	0
②		兼子	5	2	1
⑨		西宮	5	2	1

振球犠併残
10 5 3 0 13 51 19 6

都市大塩尻			打	安	点
⑥		宝	6	3	2
⑨		降幡	2	1	0
H		神戸	1	0	0
1		城倉	2	1	1
H		小山	1	1	1
④		紅林	7	2	0
③	7	熊井	4	1	1
①	3	成田	5	1	1
②		松田	5	1	1
⑦		萩野	2	0	0
H		花村	1	1	0
9		柿沢	1	0	0
R	9	大沢	2	0	0
⑧		清水	5	2	1
⑤		塩原	4	1	1

振球犠併残
12 5 6 1 13 48 15 9

［三］関川［二］熊井、兼子、花村、モリス2、紅林［盗］ウ1都1［失］ウ2都1［暴］山中
▽試合時間3時間23分

投手	回	打	安	失
織原	3⅔	19	5	3
山中	7⅓	31	7	4
織原	1⅔	9	3	3
成田	6	27	9	5
城倉	7	32	10	4

【評】東京都市大塩尻は2点を追う十三回、1死二、三塁から宝、代打小山の連続適時打で同点。2死満塁から成田の右前打でサヨナラ勝ちした。日本ウェルネス長野は六回に勝ち越したものの、投手陣が踏ん張りきれず攻勢に持ち込めなかった。

●**日本ウェルネス長野・織原主将**「負けてしまい、再びマウンドに立たせてくれたみんなに申し訳ない。ただ、後輩たちに3年生の集大成は見せられた」

●**日本ウェルネス長野・モリス**（4安打）「1番打者として、どんな形でも出塁する気持ちだった。チームが負けたので悔しさしかない」

*印はシード校

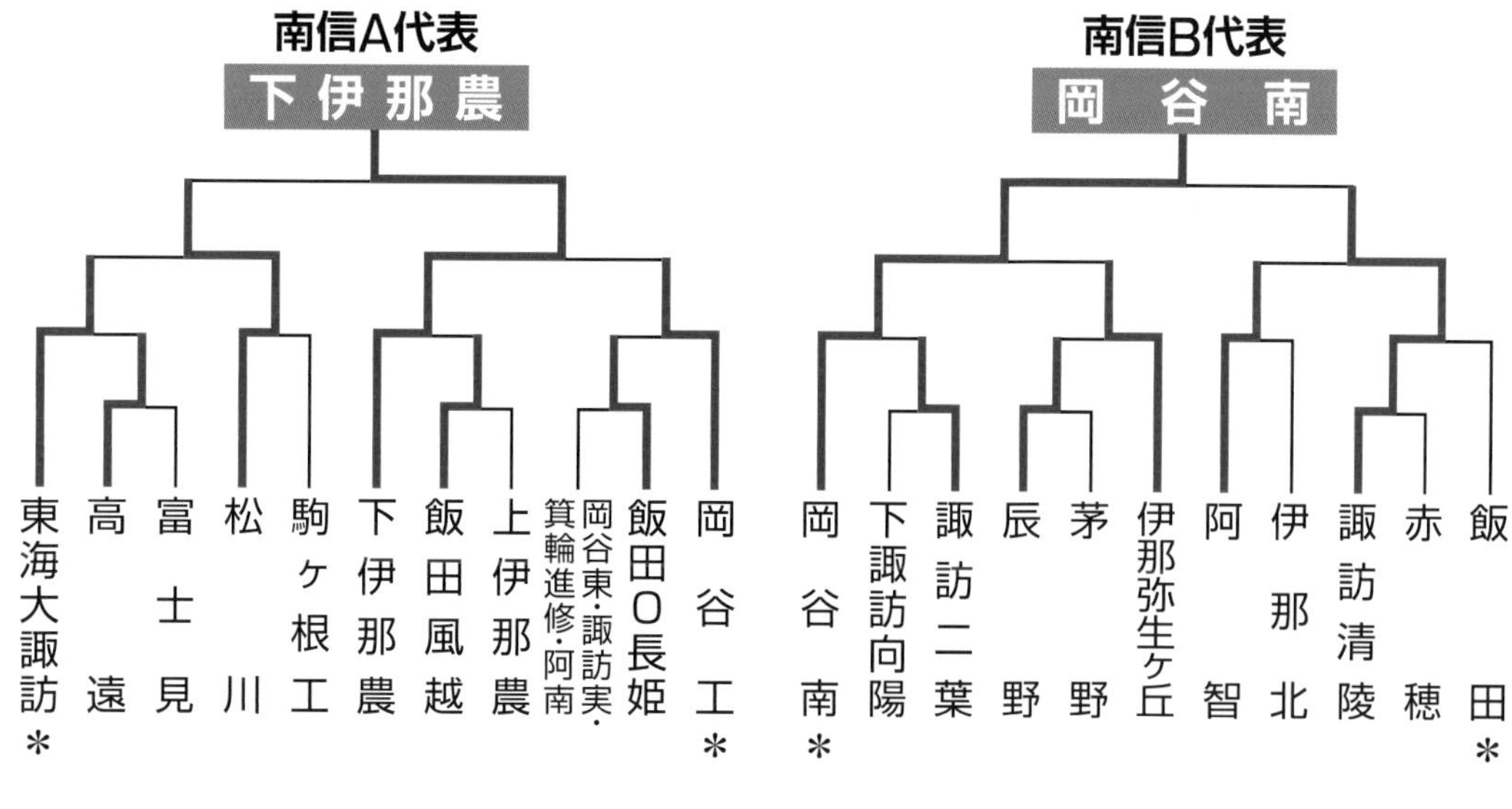

南信

1～4回戦

1回戦　7/18・しんきん諏訪湖スタジアム

光る機動力 高遠勝利

高遠 8－1 富士見

富士見	0	0	1	0	0	0	0		1
高遠	2	2	0	3	0	1	X		8

七回コールドゲーム
（富）青木―内藤、菊池 （高）柳原―池上

走力の高い選手がそろう高遠が、二回までに4盗塁を決めた。一回1死一、三塁から盗塁で好機を広げ、阿部の2点適時打で先制。二回も盗塁を得点に結び付けた。足を絡めた攻めで序盤に得点を重ねて主導権を握り、高重監督は「狙い通りの攻撃ができた」と喜んだ。

その後も意図的に大きなリードで揺さぶった。警戒した富士見バッテリーが直球主体になった四回は「ストレートに負けない強いスイングを心掛けた」という湯田の2点三塁打で試合を決定付けた。

2回戦の相手は第1シードの東海大諏訪。主将の松崎は「全員が最高のパフォーマンスを出し切りたい」と力を込めた。

●富士見・青木（先発し、8失点）「狙い球を絞られて打たれた。配球の意図を理解しないままに投げてしまい、一球一球を無駄にした」

富士見	打	安	点
⑥4北原	4	1	0
②6内藤	2	1	0
⑨吉見	1	0	0
①青木	3	2	0
③2菊池	3	0	0
⑧小口	3	0	0
⑦武居	3	0	0
⑤宮内	3	0	0
④3丸山	3	0	0

振	球	犠	併	残			
9	2	1	0	6	25	4	0

高遠	打	安	点
⑥小池	4	2	1
⑤松崎	2	1	1
④湯田	4	4	3
⑨阿部	4	2	3
⑦白鳥	3	0	0
③武田	3	0	0
②池上	2	1	0
⑧井沢	1	0	0
①柳原	2	0	0

振	球	犠	併	残			
7	6	1	0	6	25	10	8

三湯田 二小池 盗富1高5 失富2高2 暴柳原、青木 ボ青木
▽試合時間1時間51分

投手	回	打	安	失
青木	6	32	10	8
柳原	7	28	4	1

四回高遠1死一、二塁　湯田が右中間に三塁打を放ち2点を追加

小所帯「しまっていこう」
富士見11人で単独出場

富士見は登録選手11人で臨む。紅白戦など実戦形式の練習が積めないのが悩みだが、チームワークの良さを信条に練習を重ねてきた。今大会後に3年生が引退すれば、チームは単独での出場が難しくなる。「精いっぱいやる」と意気込む3年生。後輩たちは「勝たないと次の代が入ってこない」と気持ちを奮い立たせた。

部員減の背景には、少子化に伴う県立高の入学定員の抑制がある。「昨年の1年生から（定員が）1クラス減ったことが大きい」と春日光監督（32）。単独チーム維持のために中途入部を広く受け入れてきた。

守備の連係やサインプレーが課題に残る中、コロナ禍の約3カ月の休校で自主練習に。練習再開後は基本の「声掛け」を意識し、練習試合などに臨んできた。3年の内藤光翼《こうすけ》主将（17）は「ミスを減らし、夏の大会で勝つところを後輩たちに見せたい」と力を込めた。

円陣を組んで士気を高める富士見の選手たち＝7月14日

諏訪清陵 積極攻撃11点

1回戦　7/18・しんきん諏訪湖スタジアム

諏訪清陵 11－6 赤穂

	1	2	3	4	5	6	7	8	9	計
赤穂	0	0	0	1	1	0	4	0	0	6
諏訪清陵	0	2	3	0	2	3	0	1	X	11

（赤）酒井、木下、福沢―滝沢 （諏）斉藤、轟―山内

六回諏訪清陵2死二、三塁、雨宮が左前適時打を放ち10－2とする

●赤穂・北村主将「大事にしてきた失点後の気持ちの切り替えができず悔いは残るが、（4得点の）七回はベンチ一丸で力を発揮できた」

赤穂		打	安	点
⑧	鈴木	5	1	1
⑤4	坂井	3	2	1
②	滝沢	4	1	1
⑥1	福沢	4	1	0
⑨19	木下	3	0	0
H	埋橋	1	0	0
①	酒井	1	0	1
97	伊藤伶	2	1	1
③	北村	2	0	1
⑦	松尾哲	4	1	0
5	伊藤晴	0	0	0
④6	伊藤耕	4	1	0

振	球	犠	併	残				
8	6	2	0	8	33	8	6	

諏訪清陵		打	安	点
⑥	五味	4	0	0
②	山内	3	1	4
③	雨宮	6	4	1
⑤	河西蒼	5	1	0
①	斉藤	3	2	0
9	増沢	1	0	0
⑦	原	1	0	0
⑧	上原	4	3	1
⑨1	轟	3	2	2
④	梨本	4	4	2

振	球	犠	併	残				
4	8	7	1	14	34	17	10	

二上原、轟、伊藤耕、梨本 盗赤0清1 失赤1清2 暴斉藤
▽試合時間3時間4分（中断47分）

投手	回	打	安	失
酒井	4⅔	25	12	6
木下	3	20	4	5
福沢	1	4	1	0
斉藤	6⅔	31	6	6
轟	3	10	2	0

諏訪清陵は17安打11得点で赤穂を押し切った。そのうち9安打は第1ストライクを打ち、雨宮主将は「自分たちらしい積極的な攻撃を取り戻せた」とうなずいた。

甘い球を逃さないスタイルながら、大会直前の練習試合はカウントを悪くして凡打の山を築いた。赤穂の酒井対策のために140キロ超に設定したピッチングマシンを打ち込む中で各自が修正し、この日の成果につなげた。短期間で修正した選手たちに、五味監督も「奇跡的」と驚きを隠さなかった。

次戦の飯田には昨秋の南信予選の予備戦で敗れている。雨宮は「次も攻め立てる野球で勝ちたい」と意気込んだ。

親子で成長 1勝つかむ
諏訪清陵・五味監督と3年・大樹選手

赤穂と戦った諏訪清陵の五味稔之監督（49）と、3年でショートの五味大樹《ひろき》選手（18）は親子だ。師弟関係になることは想定外。互いの距離を模索しつつ、チームメイトとともに1勝をつかみ取った。

2015年の赴任翌年に監督に就いた五味監督は同校OB。大樹さんの同校進学と入部はうれしかったが、実際の指導となると迷いが出た。大樹さんも、家ではあまり怒らない父が部員に厳しく指導する姿に戸惑った。だが、他の部員が「自然に接してくれた」ことが親子の救いになった。

試合は諏訪清陵が勝利。先頭打者の大樹さんはノーヒットに終わったが、初回に難しいゴロをさばいて併殺にするなど、守備の要としての役割を果たした。大樹さんは「成長した姿を見せたいと思っていた。（父に）1勝を贈れて良かった」と話した。

試合を見つめる諏訪清陵の五味監督（左）と、息子の大樹さん

辰野 全員安打で快勝

1回戦　7/19・しんきん諏訪湖スタジアム

辰野 9－2 茅野

	1	2	3	4	5	6	7	計
茅野	1	0	0	0	0	1	0	2
辰野	2	0	1	1	1	2	2x	9

七回コールドゲーム
（茅）土橋、小口、土橋―森田 （辰）伯耆原、小松―中谷

辰野は15安打で茅野に快勝。主将の小坂竜は「グラウンドが硬くてはねやすかったので強いゴロを狙った」と語り、低い弾道の意識で安打を量産した。

一回に先制されたが、その裏の1死一、三塁から「つなぐ意識だった」という4番伯耆原の左越え二塁打で逆転した。その後も打線が活発で9人全員が安打を記録した。

2回戦は昨夏準優勝の伊那弥生ヶ丘と戦う。小坂竜は「勝利のため、今出せる力を出し切りたい」と力を込めた。

一回無死一、三塁、遊ゴロを放つ森田。土橋が生還し先制

●茅野・小口主将「難しくない打球も捕れず、悪送球も多かった。守りのミスで自滅してしまった。九回まで試合をしたかったので悔しい」

茅野		打	安	点
①61	土橋	3	1	0
⑥16	小口	3	1	0
②	森田	3	0	1
⑧	清水陸	2	1	1
④	熊谷	3	0	0
③	上嶋	3	0	0
⑦	山崎	3	0	0
⑨	藤原	3	1	0
⑤	清水蒼	3	1	0

振	球	犠	併	残				
5	1	1	0	5	26	5	2	

辰野		打	安	点
⑥1	小松	5	2	0
④	荻野	5	3	0
⑦6	小坂竜	3	2	0
①8	伯耆原	4	3	5
⑤	登内	3	1	0
③	高木	2	1	0
⑧7	小坂康	3	1	2
⑨	畑	3	1	0
②	中谷	4	1	0

振	球	犠	併	残				
7	5	3	2	12	32	15	7	

三小坂竜 二伯耆原、荻野、畑 盗茅4辰1 失茅2辰3 暴伯耆原3、土橋2
▽試合時間2時間5分

投手	回	打	安	失
土橋	⅓	5	2	2
小口	4⅔	24	9	3
土橋	1⅓	11	4	4
伯耆原	6	23	4	2
小松	1	5	1	0

10回を1失点に抑え、捕手平出峻（左）とタッチする諏訪二葉の平出晃

二葉主戦10回投げ抜く

1回戦　7/18・しんきん諏訪湖スタジアム

諏訪二葉 2－1 下諏訪向陽

	1	2	3	4	5	6	7	8	9	10	計
諏訪二葉	0	0	1	0	0	0	0	0	0	1	2
下諏訪向陽	0	0	0	0	0	0	0	1	0	0	1

延長十回　（諏）平出晃―平出峻　（下）原田勝―松田

内野手から転向し才能開花

最後の打者を右飛に打ち取ると、諏訪二葉の平出晃が力強く右拳を握った。10回を投げ抜いて勝利に導いたエースは「本当に楽しいマウンドでした」と笑みがこぼれた。

切れのある直球とスライダーを軸に16奪三振。「体力不足で」球威が落ちた終盤はピンチを背負ったが、「守りを信頼しようと思った」。打たせて取る投球に切り替え、切り抜けた。

昨夏まで内野手。投手が足りなかったため、転向した。上手投げから横手に変えると、手首の強さが生かされ開花。同じ富士見中出身で捕手の平出峻は「ここまでの投手になるとは思っていなかったが、今では絶対的な信頼がある」という。

平出晃も信頼に応えようと「ずっとこの場所に立ちたい。そのためにもチームを勝たせる投球を続ける」と強い覚悟でチームをけん引している。

●下諏訪向陽・原田勝（2失点完投）「途中までは低めに集めて抑えることができたが、最後は疲れで甘いところに入ってしまった。悔しい」

諏訪二葉		打	安	点
⑧	鈴木穂	5	1	0
⑥	宮坂	4	1	0
②	平出峻	3	1	1
⑨	小池	3	1	0
③	鈴木健	3	1	0
⑦	金子	4	0	0
⑤	五味	2	0	0
①	平出晃	3	0	0
④	斉藤	4	1	1

振球犠併残
5 4 3 1 6　31 6 2

向陽		打	安	点
⑦	遠藤	5	2	0
⑤	下村	5	1	0
6	宮下	0	0	0
⑥5	藤沢	3	0	0
②	松田	2	0	0
③	河西	4	1	0
④	酒井	3	1	0
⑧	日野	5	1	1
⑨	日野原	3	0	0
①	原田勝	4	0	0

振球犠併残
16 7 2 0　12 34 6 1

［二］河西、宮坂、日野［盗］二1向3［失］二1向1［暴］平出晃▽試合時間2時間15分

投手	回	打	安	失
平出晃	10	43	6	1
原田勝	10	38	6	2

成長した姿を相手ベンチの恩師に
下諏訪向陽監督とかつての教え子・諏訪二葉

諏訪二葉との「諏訪勢対決」に敗れた下諏訪向陽の海沼博義監督（52）は、2年前までは諏訪二葉の部長。監督と、かつて指導を受けた諏訪二葉の選手は試合直前、「お互い良いゲームをやろう」と声を掛け合った。延長戦を制した諏訪二葉の3年生は、恩師の分まで健闘すると誓った。

初戦の相手に決まった時は「一番やりたくない相手だと思いました」と海沼監督。試合は実力伯仲の熱戦。監督は試合後「（下諏訪向陽の）子どもたちは100パーセント力を出すプレーで、まとまってくれた。それだけに、本当に勝たせてあげたかった」。諏訪二葉の平出峻《たか》紘《ひろ》主将（17）は「先生の分まで勝ち進んでいきたい」と力強く話した。

試合後、健闘をたたえ合った下諏訪向陽と諏訪二葉の選手ら

飯田風越1番 好球逃さず

1回戦　7/19・しんきん諏訪湖スタジアム

飯田風越 3－2 上伊那農

	1	2	3	4	5	6	7	8	9	計
飯田風越	0	0	0	0	3	0	0	0	0	3
上伊那農	0	0	0	1	0	0	1	0	0	2

（飯）宮脇、山内、山上―早出　（上）佐藤―渡辺

●上伊那農・佐藤（3失点完投）「変化球が低めに集まり、直球もコースに決まった。（逆転打を浴びた）五回の失投だけが悔やまれる」

●上伊那農・渡辺主将「良い打球が相手の守備に阻まれた。あと一歩、運が足りなかった。ただ、このメンバーと野球ができて楽しかった」

飯田風越は1点を追う五回、四球を皮切りに1死一、二塁とし、打席には1番片桐。「味方がつないでくれたチャンスで上位打者として走者を返したかった。甘い球に反応した」。ど真ん中の変化球を捉え、左翼手の頭を越える逆転打を放った。

変化球の精度が高かった相手左腕の唯一といえる失投を逃さず、小椋監督は「あの一打で流れが変わった」。その後は得意の継投で逃げ切った。

1点を争う好ゲームを制したが、6安打に終わったことで主将の山上は「本来は打力のチーム。次の試合までに修正したい」と満足していない。殊勲の片桐も「内容の悪い打席もあった。次戦は1番打者の仕事を全うして勝利に導きたい」と向上心をのぞかせた。

五回飯田風越1死三塁、犠飛で三走片桐（右）が3点目の生還

飯田風越		打	安	点
⑨	片桐	4	1	2
④	福沢	3	1	1
⑧1	山上	4	0	0
⑤	信末	4	1	0
⑦	壬生	3	1	0
③	渋谷	4	0	0
3	石原	0	0	0
②	早出	3	0	0
①	宮脇	1	1	0
1	山内	2	0	0
8	宮下	0	0	0
⑥	木村	3	1	0
6	寺沢	0	0	0

振球犠併残
8 2 1 1 4　31 6 3

上伊那農		打	安	点
⑥	向山	4	0	0
R	小島	0	0	0
④	三沢	2	2	0
②	渡辺	3	0	0
⑨	溝上	4	2	0
③	山崎	3	1	1
⑦	宮下	1	0	0
H7	唐沢晃	3	0	0
⑤	竹之内	4	1	0
①	佐藤	2	0	0
⑧	矢野	3	1	1

振球犠併残
1 6 5 2 1　12 9 7 2

［三］片桐［二］福沢［盗］風0上1［失］風2上1［暴］宮脇2、佐藤▽試合時間1時間56分

投手	回	打	安	失
宮脇	3⅔	20	4	1
山内	4⅓	16	3	1
山上	1	4	0	0
佐藤	9	34	6	3

1回戦 7/19・しんきん諏訪湖スタジアム

飯田OIDE長姫 6－3 岡谷東・諏訪実・箕輪進修・阿南

	1	2	3	4	5	6	7	8	9	計
飯田O長姫	0	0	2	0	0	0	0	2	2	6
岡谷東・諏訪実・箕輪進修・阿南	0	0	3	0	0	0	0	0	0	3

(飯)原晟、松下一原伊 (岡)宮沢一萩田

飯田OIDE長姫が逆転

新チーム発足から「後半勝負」を掲げてきた飯田OIDE長姫。終盤の勝負どころで鋭いスイングが光り、逆転勝ちで2回戦に駒を進めた。

序盤は4校連合の宮沢の高め直球を狙ったが、「思った以上の球威に押された」と井口監督。難しい球に手を出してリズムをつかめなかった。後半は高めを捨て、得点圏に走者を置く機会を増やした。

宮沢をつかまえたのは八回。久保田渚、原伊の長短打で追い付き、続く相原は「強い打球を打つために引っ張る意識だった」。狙い通りに三塁線を破って逆転の走者を迎えた。九回にも2点を奪い、突き放した。

意識改革も功を奏した。原伊は「最後に1点でも勝っていればいいーと考え方を変えた。大事な場面での力みが減って結果につながった」と手応えを口にした。

飯田O長姫		打	安	点
⑨	鋤柄	3	1	1
④	熊谷	4	1	0
⑥	久保田渚	4	2	2
②	原伊	5	3	2
⑦	相原	4	2	1
R7	田中	1	0	0
⑧	日野	4	0	0
③	大島	3	0	0
①	原晟	1	1	0
1	松下	3	1	0
⑤	松村	1	1	0

振	球	犠	併	残	打	安	点
3	4	4	0	8	33	12	6

4校連合		打	安	点
③	秦	5	2	1
⑧	青木	4	0	0
①	宮沢	3	1	1
⑤	須藤	3	1	0
②	萩田	4	2	1
⑥	伊藤	3	0	0
⑦	下平	4	0	0
9	矢島	0	0	0
④	笠原	4	1	0
⑨7	大橋	4	0	0

振	球	犠	併	残	打	安	点
7	3	0	0	7	34	7	3

三笠原、秦、久保田渚 二久保田渚、萩田、秦、原伊、相原、松下 盗飯3連0 失飯1連2 ▽試合時間2時間26分

投手	回	打	安	失
原晟	2 2/3	12	3	3
松下	6 1/3	25	4	0
宮沢	9	41	12	6

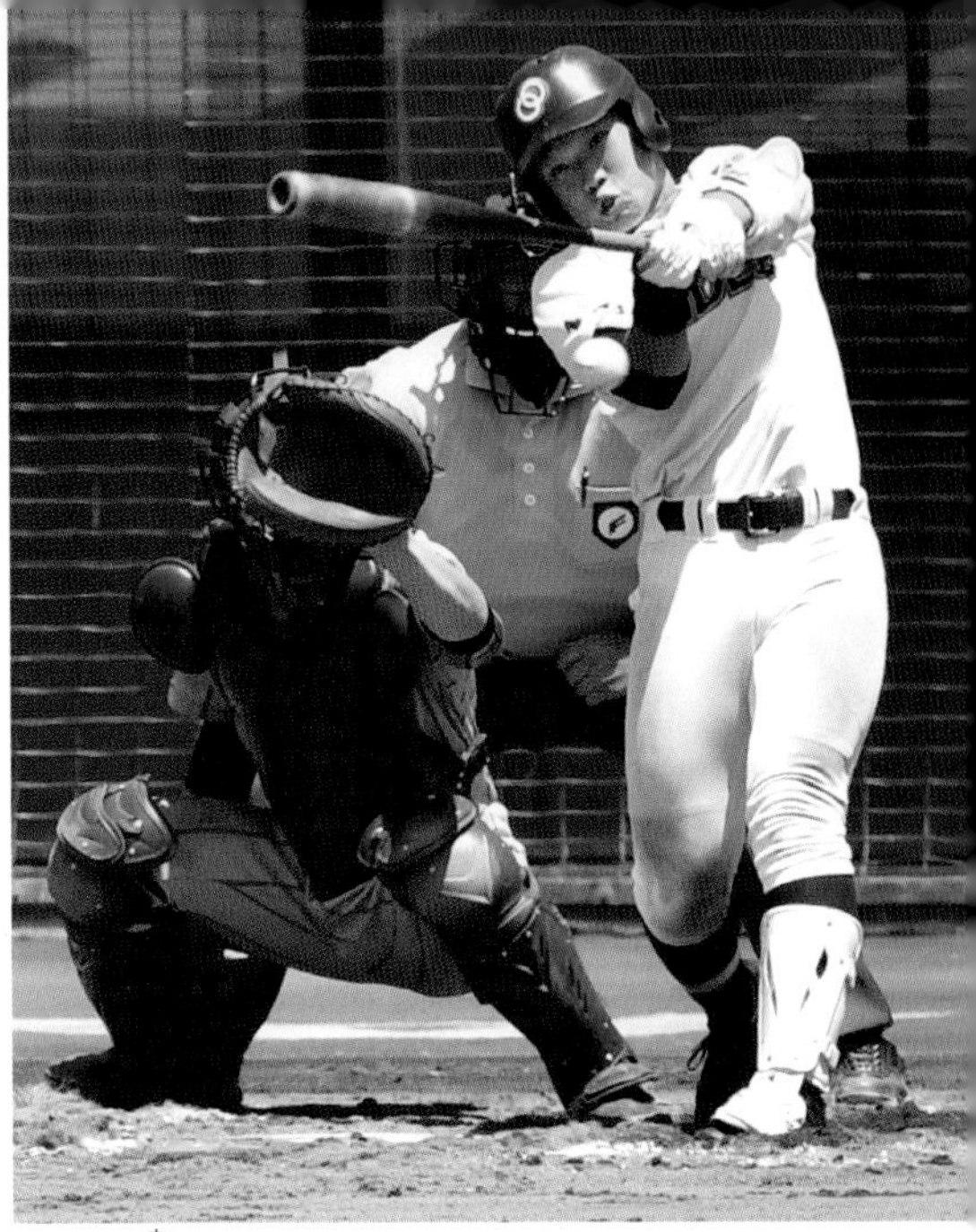

八回飯田O《オー》長姫1死一塁、相原が左翼線に適時二塁打

●岡谷東・諏訪実・箕輪進修・阿南連合・須藤主将
「打線はつなぐ意識を持てたが、エラーした後に士気が下がり、相手を勢いに乗せてしまった」

連合チーム支えるマネジャー
岡谷東3年・酒井さん

連合チームで出場する岡谷東、諏訪実、箕輪進修、阿南の4高校。計7人のマネジャーを束ねるのが唯一の3年生、岡谷東の酒井せりさん(17)だ。ゼロから始めて2年余。今では「一日でも長く選手たちと試合をしたい」とチームに入れ込み、共に最後の大会に臨む選手らを全力で支えた。

中学では一時サッカー部に所属。岡谷東に進学後、当時マネジャー不在だった野球部を見学し、練習前に黙々と準備をする選手らの姿を見て「マネジャーがいたらチームはもっと強くなるのかな」と入部した。当初はルールも、マネジャーの仕事も全く分からなかったが、他校のマネジャーに聞いたり、動画サイトを見て「学校の勉強より猛勉強した」。トスバッティングの相手もこなすようになった。

部員不足で単独チームでの出場が初めて不可能になったが、練習中は笑顔を絶やさずチームをもり立てた。コロナ禍の中、手探りのまま迎える最後の大会。初戦会場のスタンドには、ほぼ1人で作った1500羽の折り鶴で作った「笑利《しょうり》」の文字をスタンドに飾った。

マネジャーとして高校生活最後の大会に臨む酒井さん(右)。トスバッティングの相手も重要な仕事=7月10日

伊那弥生 示したスタイル

2回戦 7/23・綿半飯田野球場

伊那弥生ヶ丘 6－1 辰野

	1	2	3	4	5	6	7	8	9	計
伊那弥生	1	0	4	0	1	0	0	0	0	6
辰野	0	0	0	0	1	0	0	0	0	1

(伊)橋爪、保科、宮原一有賀 (辰)小松、伯耆原一中谷
▶本塁打 (伊)橋爪

昨夏の長野大会で準優勝した伊那弥生ヶ丘の柿沢監督は「自分たちのやりたい野球ができた」とうなずいた。バントを絡めて得点を奪う攻撃を序盤から発揮し、主導権をがっちりつかんだ。

一回は内野安打の伊藤大が盗塁と送りバントで三塁に進塁。わずか5球で1死三塁の好機をつくった。ここで打席には昨夏の準優勝をレギュラーとして唯一経験した伊藤駿。「守備でも打撃でも自覚を持ってやれている」。一塁側に転がす絶妙なスクイズで先制点を奪い、主将の伊藤大は「最高な形で試合に入れた」と強調した。

三回は宮原の適時打や久保田の適時二塁打などで4点を奪い、五回は橋爪が一発を放った。打撃力も示したが、伊藤大は「バントミスがあった。自分たちの攻めの形を再確認し、次戦に臨みたい」とぶれなかった。

●辰野・小坂竜主将「四死球をもらってチャンスをつくることはできたが、あと一本が出なかった。甘い球を見逃すことが多かった」

伊那弥生		打	安	点
⑧	伊藤大	4	1	0
②	有賀	2	0	0
⑥	伊藤駿	4	1	2
①3	橋爪	4	2	2
⑨1	宮原	5	2	1
⑦	久保田	5	1	1
⑤	中島	3	1	0
③	池田	2	0	0
1	保科	0	0	0
9	小岩井	0	0	0
④	宮嶋	4	1	0

振	球	犠	併	残	打	安	点
6	4	5	0	9	33	9	6

辰野		打	安	点
④	荻野	4	1	0
⑤	登内	3	0	0
⑥7	小坂竜	4	0	0
⑧1	伯耆原	2	0	1
①6	小松	3	0	0
③	高木	3	0	0
⑦8	小坂康	2	0	0
⑨	畑	3	0	0
②	中谷	2	0	0

振	球	犠	併	残	打	安	点
8	10	3	0	11	26	1	1

二久保田 盗伊6辰0 失伊1辰1 ▽試合時間2時間8分

投手	回	打	安	失
橋爪	4	16	0	0
保科	1 1/3	10	1	1
宮原	3 2/3	13	0	0
小松	5	24	7	6
伯耆原	4	18	2	0

三回伊那弥生2死二塁、宮原の中前適時打で二走伊藤駿が生還(捕手中谷)

三回諏訪清陵無死一、三塁、河西蒼の中前適時打で三走山内（右）が生還し、次打者斉藤とエアタッチ

2回戦　7/23・綿半飯田野球場

諏訪清陵 6－5 飯田

諏訪清陵	0	0	2	1	2	0	1	0	0	6
飯田	0	0	0	1	2	2	0	0	0	5

（諏）斉藤―山内（飯）近藤、坪井、小川―西川、塩沢

諏訪清陵 光る粘り

●飯田・西川主将「チャンスを生かし切れなかったが、みんなが最後まで気持ちを切らさず、勝ちにいくマインドで挑めた」

●飯田・福沢（4安打）「大きな当たりは狙わず、つなぐ意識の結果。勝つと信じて最後まで戦ったが、負けてしまい、悔しさでいっぱい」

諏訪清陵は三回、2四球などで得た無死一、三塁から河西蒼、上原の適時打で2点を先制。四回は死球から得た1死一、三塁の好機に再び河西蒼が適時打を放った。五回には2死二、三塁から山内の中前打で2点を追加。飯田投手陣の制球難に乗じ、五回の攻撃を終えた時点で4点リードを奪った。

2試合連続の2桁安打をマークした一方、18残塁と詰めの甘さも目立った。それでも主将の雨宮は、昨秋の県大会南信予選2位のシード校に1点差で勝った試合に「去年から接戦で勝てないことが課題だった。チーム全員で粘れたことは収穫」。先手を奪い、流れをつかむというチームの持ち味も発揮し、結果を前向きに受け止めていた。

諏訪清陵		打	安	点
⑥	五味	4	0	0
②	山内	4	2	2
③	雨宮	3	3	0
⑤	河西蒼	6	2	3
①	斉藤	4	0	0
⑦	原	6	0	0
⑧	上原	3	2	1
⑨	轟	3	2	0
④	梨本	3	0	0

振	球	犠	併	残			
10	12	3	2	18	36	11	6

飯田		打	安	点
④	篠田	5	2	1
⑨7	大原	3	1	1
①9	近藤	3	0	0
⑧	押田	3	1	0
⑤	福沢	4	4	2
⑦	緒方	1	0	0
2	塩沢	3	0	0
③	宮下	4	1	0
②	西川	1	0	0
1	坪井	0	0	0
H	藤森	1	0	0
1	小川	2	0	1
⑥	木下	3	0	0
6	松田	1	0	0

振	球	犠	併	残			
4	2	1	0	5	34	9	5

二篠田2、福沢、山内 盗諏4飯0 失諏2飯1 暴近藤、斉藤、小川 ▽試合時間4時間15分（中断1時間47分）

投手	回	打	安	失
斉藤	9	37	9	5
近藤	3	18	4	2
坪井	2	13	4	3
小川	4	20	3	1

亡き祖父に見せた投球
惜敗の飯田3年・近藤投手

飯田3年の近藤竜馬投手（17）が、昨年10月に急逝した祖父の善人《よしと》さん（享年83歳）の遺影に見守られ、先発のマウンドに立った。結果は諏訪清陵に惜敗。「野球はおじいちゃんと自分をつなぐものだった」とし、進学先で野球を続けることも考えている。

野球が好きだった善人さんには、プロ野球観戦に連れて行ってもらった思い出もある。高校生になってからも、何度も球場に応援に来てくれた。この日は母純子さん（52）が善人さんの遺影を脇に置いて応援。竜馬さんは制球に苦しみながらも、落ち着いたピッチングを見せた。「勝つ姿を見せておじいちゃんに恩返ししたかった」。試合後、諏訪清陵の選手に飯田の生徒が作った折り鶴を手渡し「地区代表になってほしい」と激励した。

試合後、諏訪清陵の選手に折り鶴を手渡す飯田の竜馬投手（左）

善人さんの遺影を脇に置き、竜馬投手のピッチングに拍手を送る母純子さん

下伊那農 1失点完投

2回戦　7/24・綿半飯田野球場

下伊那農 7－1 飯田風越

飯田風越	0	0	0	0	1	0	0	0	0	1
下伊那農	3	0	0	3	1	0	0	0	X	7

（飯）宮脇、山内、山上―早出（下）小木曽―沢柳

飯田風越に勝利し、笑顔で応援スタンドにあいさつに向かう下伊那農ナイン

●下伊那農・小木曽（1失点完投）「公式戦では初めての完投。野手がしっかり守ってくれたことで、テンポ良く投げることができた」

●飯田風越・信末（五回に適時打）「打ったのは低めの直球。序盤は硬さがあったけど、自分たちのスイングはできていたと思う」

飯田風越		打	安	点
⑨	片桐	4	2	0
④	福沢	4	1	0
⑦	壬生	4	1	0
⑤	信末	3	1	1
⑧1	山上	4	0	0
①	宮脇	1	0	0
1	山内	1	0	0
8	宮下	2	0	0
②	早出	4	2	0
③	村瀬	2	0	0
H3	渋谷	1	0	0
3	石原	1	0	0
⑥	木村	4	1	0

振	球	犠	併	残			
9	2	0	0	9	35	8	1

下伊那農		打	安	点
⑧	山田	5	1	0
⑥	鎌倉	2	2	0
②	沢柳	5	2	1
⑤	近藤	4	1	1
⑨	原田	5	3	1
③	中島	4	1	1
①	小木曽	4	1	0
④	松下	3	1	1
⑦	林雄	4	0	0

振	球	犠	併	残			
4	5	4	0	14	36	12	5

二沢柳、原田、片桐、小木曽、松下 盗風0下3 失風5下0 ▽試合時間2時間15分

投手	回	打	安	失
宮脇	⅔	8	3	3
山内	2⅔	13	4	2
山上	4⅔	24	5	2
小木曽	9	37	8	1

18年夏以来の公式戦勝利に導く

阿智のエースで4番、主将も務める北沢が1失点完投。九回に決勝の本塁打を放つ大車輪の活躍でチームを2018年夏以来の公式戦勝利に導いた。丸山監督は「数字だけを見れば伊那北が上回っているが、彼のおかげで勝てた」と絶賛した。

バントで好機を広げた伊那北に対し、6イニングで得点圏に走者を背負ったが、直球とカーブの緩急を駆使し、最少失点に抑えた。八回は「自信がある」という直球を決め球に3者連続三振。右拳を握り締めて士気を高めると、直後の打席で2死無走者から勝ち越し弾を放った。九回の守備で降雨中断があっても集中力は途切れなかった。

3年生が3人だけの若いチーム。2年間も白星から遠ざかっていた右腕は「自分たちのかっこいい姿をようやく後輩に見せられて良かった」と頬を緩めた。

3回戦の対戦相手は、2試合連続2桁安打で第2シードの飯田を破っている諏訪清陵。北沢は「この集中力のまま向かっていく。一つでも多く勝ち、長い夏にする」。チームを束ねる大黒柱が力強く言い切った。

八回、伊那北打線を三者連続三振に仕留めて喜ぶ阿智の北沢

阿智の大黒柱 投打で奮闘

2回戦 7/24・綿半飯田野球場

阿智 2－1 伊那北

	1	2	3	4	5	6	7	8	9	計
阿智	0	0	0	0	0	1	0	0	1	2
伊那北	0	0	1	0	0	0	0	0	0	1

(阿)北沢－久保田 (伊)細田、筒井－伊藤
▶本塁打 (阿)北沢

●**伊那北・小池大輝主将**「バントを絡めたつなぐ攻撃はできたが、決定力を欠いた。夏に勝つのが目標だった。逆転を信じたが、負けて悔しい」

阿智		打	安	点
⑧	桜井柊	3	0	0
⑥	原圭	4	0	0
④	鈴木	3	1	1
①	北沢	4	2	1
③	原祥	4	0	0
⑨	二茅	3	0	0
⑤	中島晟	2	0	0
⑦	田口	2	0	0
7	中島星	1	0	0
②	久保田	3	0	0

振球犠併残
8 3 0 0 3 29 3 2

伊那北		打	安	点
⑤	唐沢	4	1	0
⑨	三沢蒼	2	0	0
④	井上	2	1	1
③	小池大輝	4	0	0
②	伊藤	4	2	0
⑦	武村	2	1	0
⑧	県	2	0	0
H	翁	1	0	0
⑥	増田	2	0	0
H	米山	1	0	0
①	細田	2	0	0
1	筒井	0	0	0

振球犠併残
9 4 5 0 7 26 5 1

［二］伊藤［盗］阿2伊1［失］阿0伊0
▽試合時間3時間56分（中断1時間41分）

投手	回	打	安	失
北沢	9	35	5	1
細田	5 1/3	19	1	1
筒井	3 2/3	13	2	1

伊那北「マネジャーの分も自分たちで」

伊那北はマネジャーがいない態勢で今大会に臨んだ。昨年夏に3年生の女子マネジャーが引退してから、道具の管理やスコアブックの記入などを全員で手分け。支えてくれたマネジャーのありがたさを感じつつ「チームの結束力が高まった」と実感した。

試合記録の入力や環境整備、練習後の食事の準備など多岐にわたる役割を4班で分担。班ごとにノートを作り、「ネットの補修が必要」など気になる点を共有して改善し、練習に集中できる環境をつくってきた。記録の管理を担当した3年の外野手武村海《かい》選手(18)は「練習試合のたびに打率や防御率の計算をするのはすごく大変だった」。見守ってきた田中学歩《がくほ》監督(35)は「人としても成長したと思う」。

マネジャーがいないため、練習試合のスコアを自分たちで書き写す伊那北の部員たち=7月15日

松川アーチ3本

2回戦 7/24・綿半飯田野球場

松川 8－1 駒ヶ根工

	1	2	3	4	5	6	7	8	9	計
松川	0	1	2	1	0	0	0	1	3	8
駒ヶ根工	0	1	0	0	0	0	0	0	0	1

(松)木戸－荒尾 (駒)伊藤輝、渡辺、伊藤輝－三島
▶本塁打 (松)村山、大島、木戸

●**松川・松田**（3年生）「ボールを引きつけ、しっかりミートできた。3安打はうれしいが、継続していくことが大事になる」

●**駒ヶ根工・竹沢主将**「明るいチームカラーを最後まで貫けた。経験を積んだ2年生は、後輩を引っ張ってほしい」

松川		打	安	点
②	荒尾	4	0	0
⑥	中平	3	2	0
⑦	大島	5	1	2
①	木戸	5	2	1
⑨	村山	1	1	1
⑤4	今村	3	0	1
③	松田	4	3	1
H3	木下	0	0	1
④	牧田	3	0	0
H	高木	0	0	0
5	仲田	1	0	0
⑧	伊藤	3	0	0

振球犠併残
3 9 3 0 9 32 9 7

駒ヶ根工		打	安	点
①41	伊藤輝	3	0	0
④5	竹沢	4	1	0
⑧	小林優	3	0	0
②	三島	2	0	0
③	宮下	3	0	0
⑥	高橋	2	1	0
⑤9	金指	3	1	1
⑨7	小林剛	2	0	0
⑦	有賀竣	1	0	0
1	渡辺	1	0	0
H4	三浦	1	0	0

振球犠併残
6 3 2 2 2 25 3 1

［二］木戸［盗］松0駒0［失］松0駒1［暴］渡辺、伊藤輝
▽試合時間1時間43分

投手	回	打	安	失
木戸	9	30	3	1
伊藤輝	5	22	5	4
渡辺	3	14	2	1
伊藤輝	1	8	2	3

三回松川2死一塁、大島が左越えに勝ち越しの2点本塁打を放ちガッツポーズ

中軸が躍動し快勝

松川は持ち味の攻撃力を遺憾なく発揮した。中軸の3人がそれぞれ左翼芝生席へとアーチを描き、駒ヶ根工に快勝した。

口火を切ったのは5番村山。二回1死でカウント2－2からの内角高め直球に「体が反応した」と、自身も驚きを隠せない一発で先制した。

追い付かれた直後の三回は、2死一塁から3番大島が勝ち越しの2ラン。1打席目が併殺打だった2年生は「緊張で振りが鈍かった。2打席目は思い切り振る」意識で結果を残した。

五～七回は追加点がなかったものの、八回に先頭で打席に入った4番木戸が初球を捉えた。七回のマウンドを打者3人で終わらせた木戸は「気持ちの乗った状態で打席に入れた」と、自らのバットで試合を決定付けた。

「空振りを恐れず、しっかり振ることを指示した」と筒井監督。3人ともこれが公式戦初本塁打。手応えと勢いを得た打線は、3回戦でシード校の東海大諏訪に挑む。

東海大諏訪 4番一振り

4－4で迎えた延長十回。先頭で打席に立った東海大諏訪の4番鳥山は「来た球を一心に振ろうと思っていた」と、初球の甘く入った変化球を強振した。左翼フェンスを越える一打でサヨナラ勝ちを決めると、仲間たちと抱き合って喜びを爆発させた。

南信の第1シード校として臨んだ今大会の初戦。しかし、エースの有賀達が三回までに7安打を浴びて4点のリードを許す苦しい展開となった。打線も毎回のように走者を出しながらも3併殺を喫するなど拙攻が目立ち、藤井監督は「一人一人がただ単に振り回しているだけでは点は入らない」と苦言を呈した。

辛勝での発進となり、本塁打以外は安打がなかった鳥山も「打てなくてもチームのために頑張りたい」と反省。次戦に向け、立て直しを期した。

10回東海大諏訪無死、左越えソロでサヨナラ勝ちを決め、抱き合って喜ぶ鳥山（右）

2回戦 7/24・しんきん諏訪湖スタジアム

東海大諏訪 5－4 高遠

	1	2	3	4	5	6	7	8	9	10	計
高遠	0	1	3	0	0	0	0	0	0	0	4
東海大諏訪	0	0	2	2	0	0	0	0	0	1x	5

延長十回 （高）湯田、登内―池上 （東）有賀達―黒沢 ▶本塁打（東）鳥山

●高遠・松崎主将「前半は自分たちのペースで進められた。後半はシュートする球に苦戦して点を取れなかった。勝つ気でいたので悔しい」

●高遠・井沢（2安打2打点の2年生）「流れをつくろうと食らい付く気持ちで打った。上出来だった。3年生の悔しさを来年へとつなげたい」

高遠			打	安	点
⑥		小池	3	0	0
④	5	松崎	5	1	0
①	4	湯田	4	1	0
⑨		阿部	5	2	0
⑤	7	白鳥	4	0	1
③		武田	4	1	0
②		池上	5	2	1
⑧		井沢	4	2	2
⑦		竹村	1	0	0
H	7	井上	1	0	0
7		大下	0	0	0
H		滝沢	1	0	0
1		登内	1	0	0

振球犠併残
14 4 1 3 9 38 9 4

東海諏訪			打	安	点
③		小甲	3	1	1
⑤		丸山	4	0	1
⑥		大塚	5	2	1
⑨		鳥山	4	1	1
②		黒沢	3	1	0
⑦		小淵	3	1	0
⑧		本城	1	0	0
H		北村	1	0	0
8		増沢	0	0	0
④		平野	4	1	0
4		加藤	0	0	0
①		有賀達	3	1	1

振球犠併残
4 7 2 1 8 31 8 5

三平野 二池上、松崎、小甲 盗高1東1 失高2東1 暴湯田 逸池上
▽試合時間2時間41分

投手	回	打	安	失
湯田	5	26	5	4
登内	4⅔	14	3	1
有賀達	10	43	9	4

諏訪二葉と岡谷南 引き分けで再試合へ

●諏訪二葉・平出峻主将「八回（無死二、三塁）のピンチをしのいだ後で良い流れが来ていたので再試合は悔しい。次は投手をしっかり援護したい」

●岡谷南・篠原主将「初戦で流れを持ってくることができなかった。修正できることは修正して、勝ちに持っていけるようにしたい」

2回戦 7/24・しんきん諏訪湖スタジアム

岡谷南 2－2 諏訪二葉

	1	2	3	4	5	6	7	8	計
諏訪二葉	0	0	0	1	1	0	0	0	2
岡谷南	0	1	0	1	0	0	0	0	2

八回降雨引き分け再試合
（諏）平出晃―平出峻
（岡）山岸―小松

諏訪二葉		打	安	点
⑧	鈴木穂	4	1	1
⑥	宮坂	4	1	0
②	平出峻	3	2	0
⑨	小池	4	1	0
③	鈴木健	3	0	1
⑦	金子	3	1	0
⑤	五味	3	0	0
①	平出晃	3	1	0
④	斉藤	2	0	0

振球犠併残
5 1 1 1 5 29 7 2

岡谷南		打	安	点
⑧	島津	4	1	0
④	中沢	4	0	0
②	小松	3	1	0
⑨	星野	3	2	0
⑦	五味	3	1	1
⑤	金子	1	0	0
H	佐藤	1	0	0
5	花岡典	0	0	0
①	山岸	3	1	1
⑥	篠原	3	0	0
③	荻原	2	0	0
H	林	0	0	0

振球犠併残
8 3 2 1 6 27 6 2

二山岸 盗二1岡1 失二0岡0 暴平出晃
▽試合時間3時間8分（中断1時間28分）

投手	回	打	安	失
平出晃	8	32	6	2
山岸	8	31	7	2

岡谷南 再試合零封で制す

2回戦 7/26・しんきん諏訪湖スタジアム

岡谷南 3－0 諏訪二葉

	1	2	3	4	5	6	7	8	9	計
諏訪二葉	0	0	0	0	0	0	0	0	0	0
岡谷南	0	0	0	1	1	0	1	0	X	3

（諏）平出晃―平出峻 （岡）依田、山岸―小松

四回諏訪二葉1死三塁、岡谷南は本塁を狙った三走を遊撃篠原からの好返球でタッチアウトに（捕手小松）

2－2の降雨引き分けから中1日で迎えた再試合は、要所で堅実に守った岡谷南が諏訪二葉を零封した。

24日に続いて平出晃が先発した諏訪二葉に対し、岡谷南は前の試合で8回を投げた山岸に代わり、依田が先発。背番号10の右腕は持ち味の打たせて取る投球で守りのリズムをつくった。

四回に味方のエラーから1死三塁のピンチを背負ったが、「真っすぐでねじ伏せる」と強気に攻めた。内角直球で遊ゴロを打たせ、本塁を狙った三走をタッチアウト。落ち着いて返球した遊撃の篠原主将は「先制を許すと苦しくなる。絶対に渡さない気持ちだった」と振り返った。六回2死一、三塁、七回2死三塁も内野ゴロで切り抜けた。

倉坪監督は「完璧だった。しっかり投げ分け、野手も守りやすかったと思う」と8回無失点の3年生をたたえた。自信を膨らませた依田は、伊那弥生ヶ丘とぶつかる3回戦に向け「きょうのようにコースに投げ分け、無失点に抑えたい」と意気込んだ。

●諏訪二葉・平出晃（2試合で計214球を投げる）「疲れはほぼなかったが、甘く入った球を打たれ、要所を抑えられなかった」

諏訪二葉		打	安	点
⑧	鈴木穂	3	0	0
⑥	宮坂	4	1	0
②	平出峻	4	0	0
⑨	小池	4	1	0
③	鈴木健	3	1	0
⑦	金子	3	0	0
⑤	五味	3	0	0
①	平出晃	3	0	0
④	斉藤	3	0	0

振球犠併残
4 1 0 1 4 30 3 0

岡谷南			打	安	点
⑧		島津	3	1	2
③		高橋	3	0	0
②		小松	3	0	0
⑨		星野	4	2	1
⑦		五味	4	1	0
⑤		花岡典	3	0	0
⑥		篠原	3	1	0
④		今村	2	0	0
4		中沢	0	0	0
①		依田	3	2	0
1		山岸	0	0	0

振球犠併残
5 1 3 0 5 28 7 3

三島津 盗二1岡1 失二1岡1
▽試合時間1時間37分

投手	回	打	安	失
平出晃	8	32	7	3
依田	8	28	3	0
山岸	1	3	0	0

2回戦 7/29・しんきん諏訪湖スタジアム

岡谷工 9－6 飯田OIDE長姫

岡谷工	0	2	0	0	2	0	1	2	2	9
飯田O長姫	0	0	2	0	0	0	0	0	4	6

(岡)臼井、高見―三谷、桜本 (飯)松下、原晟―原伊
本塁打 (飯)久保田渚

五回途中まで投げ2失点に抑えた岡谷工先発の臼井

岡谷工右腕 主戦と力投で味方の猛攻呼ぶ

当初は23日だった試合が雨で順延になり、26日からは2日連続の降雨ノーゲーム。岡谷工は天候に振り回された初戦にようやく決着をつけた。主将の桜本は「勝ててほっとした。気持ちを切らさずに戦えた」と息をついた。

両角監督が「きょうの一番の功労者」とたたえたのは、公式戦初先発で試合をつくった背番号5の臼井だ。ノーゲームの2試合に先発したエース高見は、変化球の精度がいまひとつ。28日に先発が決まった右腕は「バックを信じた。後ろにエースが控えていたのでいけるところまで全力だった」。制球力を生かしてコースを丁寧に突いた。五回途中から継投した高見も八回まで無安打と力投し、終盤の味方の猛攻を呼び込んだ。

ただ、この日はバント失敗などのミスも目立ち、「もっとピリッとした試合にしないと」と指揮官。九回に満塁本塁打を打たれた高見も「次はエースにふさわしい投球をする」と語った。

岡谷工		打	安	点
⑧	宮嶋	5	1	0
⑦	泉	4	2	0
③	石川	4	2	0
⑨2	桜本	3	1	2
①5	臼井	3	1	0
⑤	五味	2	0	0
1	高見	2	1	1
②	三谷	2	0	0
9	久保田	2	0	0
⑥	中村	3	1	1
④	堀井	4	1	1

振	球	犠	併	残			
4	4	5	0	7	34	10	5

飯田O長姫		打	安	点
⑥	久保田渚	5	2	5
⑧	日野	5	0	0
⑨	鋤柄	5	2	1
②	原伊	5	0	0
③	槫沼	4	0	0
④	熊谷	2	0	0
⑦	相原	2	1	0
7	田中	0	0	0
H	松沢	0	0	0
R	岡田	0	0	0
①	松下	3	0	0
1	原晟	0	0	0
H	宮沢恒	1	0	0
⑤	松村	3	2	0

振	球	犠	併	残			
5	5	0	1	7	35	7	6

[三]中村[二]相原、松村、久保田渚、宮嶋、石川[盗]岡0飯3[失]岡2飯4[暴]松下
▽試合時間2時間47分

投手	回	打	安	失
臼井	4 ⅔	18	4	2
高見	5	22	3	4
松下	7 ⅔	36	6	7
原晟	1 ⅓	7	4	2

●**飯田O長姫・原伊主将**「(2日連続で降雨ノーゲームの)疲れはなかった。追い上げたのはチームの力。あと一歩及ばなかったが、悔いはない」

●**飯田O長姫・久保田渚**(九回に満塁本塁打)「高めの直球を狙っていた。前の打者がつないでくれたのでここで絶対打つという気持ちだった」

病を抱えて野球 仲間と共に 飯田O長姫の学生コーチ河野さん

飯田OIDE長姫3年生の河野健太さん(17)は、難病のクローン病を抱えながら学生コーチとしてチームを支えてきた。消化管に炎症が起き、発熱や腹痛などの症状が出る病で、診断されたのは高2の秋ごろ。選手を辞めることも考えたが、井口雄弥監督(32)が「学生コーチという立場もある」とチームに残るよう勧めた。

入退院を繰り返す日々が続き、コーチ継続にも不安があったが、野球への思いは消えなかった。治療を続けた結果、今春から徐々に練習に参加できるようになり、バッティングピッチャーやノックなどを担当。「選手に行動、気持ち、身体でひけを取らないように」と『チームのために』の思いで体力づくりに取り組んだ。井口監督は「『チームのために』という気持ちでやってきてくれた」とねぎらった。試合ではスタンドから拍手で応援した。

選手を拍手で応援する飯田OIDE長姫の河野さん=7月19日

降雨で連日のノーゲーム 岡谷工―飯田OIDE長姫

しんきん諏訪湖スタジアムで27日に行われた岡谷工―飯田OIDE長姫は、26日に続き、2日連続で降雨ノーゲームとなった。両校の監督や選手は仕方ないと受け止める一方、度重なる順延に疲労感をにじませる。

40年近い高校野球指導歴がある岡谷工の両角亮介監督(66)は「このような経験は初めて」と苦笑い。26日は2―0とリードしていた三回に、この日は5―7と追う展開だった六回途中でノーゲームが決まり、指揮官は「今度こそ勝負を決める」と意気込んだ。

飯田OIDE長姫の原伊吹主将は「自分たちの流れで試合を運べていたので残念。ここまでの中断や再試合は経験がないので、正直疲れがある」と吐露した。ただ、公式戦を何度も経験する中で「きょうは緊張する選手もおらず、先制することができた」と、チームの雰囲気の高まりも感じていた。

降雨で試合が中断し、ベンチに引き揚げる岡谷工(手前)と飯田OIDE長姫の選手たち

2回戦 7/26

岡谷工	1	0	1
飯田O長姫	0	0	0

三回降雨のためノーゲーム
(岡)高見―桜本
(飯)松下―原伊

2回戦 7/27

岡谷工	0	0	0	0	0	5
飯田O長姫	0	0	0	0	7	

六回途中降雨のためノーゲーム
(岡)高見―桜本、三谷
(飯)原晟、松下―原伊

1失点で完投した岡谷南の星野

岡谷南2年左腕が好投

伊那弥生		打	安	点
⑧	伊藤大	3	1	0
②	有賀	1	0	1
⑥	伊藤駿	4	0	0
①3	橋爪	3	0	0
⑨	宮原	4	2	0
⑦	久保田	2	2	0
⑤	中島	3	0	0
③	池田	2	0	0
H	小岩井	1	0	0
1	保科	1	0	0
④	宮嶋	3	0	0

振球犠併残
7 5 3 1 7 27 5 1

岡谷南		打	安	点
⑧	島津	4	1	1
④	中沢	4	1	0
②	小松	3	0	0
①	星野	3	0	0
⑦	五味	3	3	0
⑤	金子	2	1	1
H	荻原	1	0	1
5	花岡典	0	0	0
⑥	篠原	3	0	0
③	川村	2	0	0
3	高橋	1	0	0
⑨	田中	2	0	0

振球犠併残
1 5 1 1 6 28 6 3

[三]伊藤大[二]島津、宮原[盗]伊2岡2[失]伊1岡0[暴]橋爪2▽試合時間1時間54分

投手	回	打	安	失
橋爪	6	25	5	3
保科	2	9	1	1
星野	9	35	5	1

【評】岡谷南は同点の五回、2死一塁から島津の適時二塁打で勝ち越すと、六回は金子の左前適時打で加点。八回にも1点を加えた。伊那弥生ヶ丘は岡谷南の左腕星野の緩急にかわされ、三回のスクイズによる1得点に終わった。

落差ある変化球生かす 適時打で「いい流れ」

「気負ってしまってフライが多い」。岡谷南の倉坪監督は勝ったものの6安打4得点にとどまった打線の状態に不服そうな様子。それでも、先発マウンドを託された2年生サウスポーの星野にとっては十分な援護だった。

三回に同点に追い付かれたが、四回からは見違えるような投球。落差のある変化球でカウントを稼ぎ、力のある直球で打ち取る。「今までは直球にこだわって制球を乱していたけれど、監督の助言で変化球を生かす形にしたら、投球の幅が広がった」と星野。

そんな2年生を援護しようと、1点リードの六回2死二塁で金子が「星野を助けたかった」と左前適時打。星野は「ダメ押しを取ってくれたので、いい流れの中で投げられた」と感謝した。

降雨引き分け再試合を含めて3試合で3失点。「もう少しバントと盗塁を絡めて1点ずつ…」と倉坪監督の理想は高いが、主将の篠原は「これからも守り勝つ、自分たちの野球をしたい」と自信を深めた様子だった。

3回戦 7/30・しんきん諏訪湖スタジアム

岡谷南 4－1 伊那弥生ヶ丘

	1	2	3	4	5	6	7	8	9	計
伊那弥生	0	0	1	0	0	0	0	0	0	1
岡谷南	0	1	0	0	1	1	0	1	X	4

(伊)橋爪、保科―有賀 (岡)星野―小松

●伊那弥生ヶ丘・柿沢監督「我慢しながら1点ずつ取る展開を狙っていたが、一歩及ばなかった。バントや走塁などやりたいことはできた」

●伊那弥生ヶ丘・伊藤大主将「変化球を捉えきれなかった。(昨夏の長野大会) 準優勝を超えたかったが、この仲間とできたことは一生の宝」

勝利を運ぶ？「南高飴」
岡谷南の応援グッズ

岡谷南の保護者たちが、南高梅味のあめを「南高《なんこう》飴《あめ》」と名付けて応援グッズにしている。試合前に勝利を願ってなめる。あめはお手製の袋に6粒入り。「1粒で1勝。6粒で6勝して優勝を」と期待する。

「球場に行けなくても一緒に応援している」とのメッセージを込め、2年生の保護者15人が3年生の保護者14人にお手製の袋に入れた南高飴を贈った。袋には「ひとつぶで一勝分」という文字を添えた。3回戦は伊那弥生ヶ丘に快勝。残る飴は4粒。篠原健吾主将の父で保護者会長の裕次さん(49)は「このあめの力もあって勝ち進めている」と笑顔で話した。

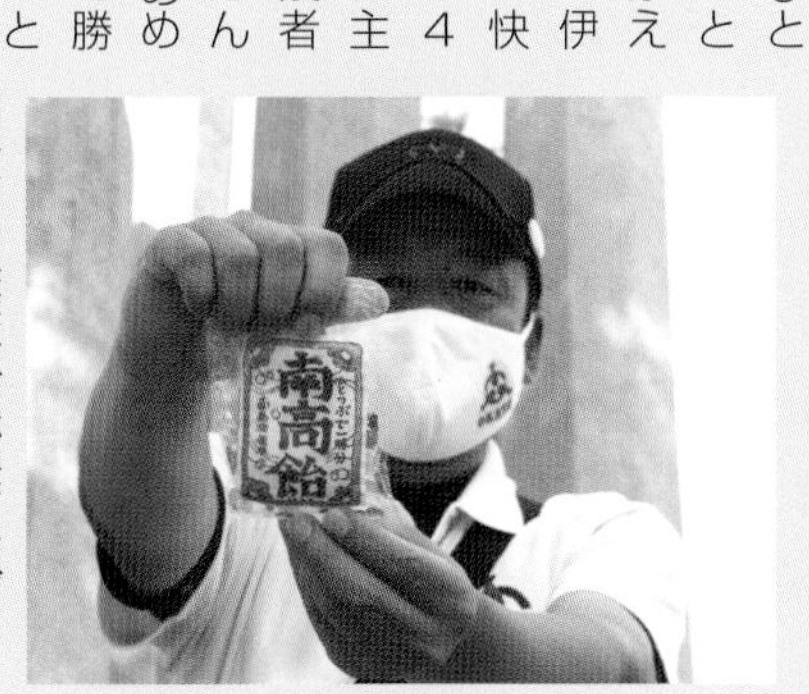

岡谷南の保護者が応援グッズとして作った「南高飴」

諏訪清陵粘り勝ち

3回戦 7/30・しんきん諏訪湖スタジアム

諏訪清陵 3－2 阿智

	1	2	3	4	5	6	7	8	9	10	11	計
阿智	0	0	2	0	0	0	0	0	0	0	0	2
諏訪清陵	0	0	0	0	0	0	0	2	0	0	1x	3

延長十一回（阿）北沢―久保田（諏）斉藤―山内

【評】諏訪清陵は2点を追う八回に雨宮の左前適時打と上原の右犠飛で同点。延長十一回は1死二、三塁から雨宮の右犠飛で試合を決めた。
阿智は三回に原圭の中前適時打で2点を先制したものの、その後は好機で一本が出なかった。

11回諏訪清陵1死二、三塁、雨宮が三走梨本還すサヨナラの右犠飛を放つ

エース力投に打線が応えた

延長十一回表、諏訪清陵のエース斉藤は142球目を投じて打者を打ち取ると、その場に倒れ込んだ。「最後のバッターを打ち取れて良かったけれど、右足がつってしまって…。これ以上、投げるのは無理だと思った」

四回以降、阿智の反撃を食い止めてきた右腕は体力の限界を迎えていた。だが、チームは追い込まれたことで「裏の攻撃で試合を決めるしかない」（五味監督）と腹は決まった。

連続四球と犠打で1死二、三塁とし、打席には3番の雨宮。「最低限の仕事だけすればいい。ここで仕留める」と飛距離十分の右飛球を打ち上げ、タッチアップから三走の梨本が生還して熱戦に決着をつけた。

13四球を生かせず13残塁と反省点は多いが、それでも粘り強い戦いで勝利をつかんだ。「2回戦でシード校の飯田に1点差で勝ったことが自信になっている」と主将の雨宮。4回戦も粘り強い戦いでシード校の岡谷南を慌てさせることができるか。8強入りを懸けた大一番になる。

●阿智・北沢主将「力みで外の直球が入らなかった。終盤は制球が定まらず四球を出してしまった。（夏が）終わってしまうのが悔しい」

●阿智・原圭（先制の2点適時打）「お互い無得点だったので、初球から打つという気持ちだった。狙い通りの直球をそのまま振った」

阿智		打	安	点
⑧	桜井柊	5	2	0
⑥	原圭	6	1	2
④	鈴木	4	1	0
①	北沢	5	1	0
③	原祥	5	1	0
⑨	二茅	5	1	0
⑤	中島晟	5	0	0
⑦	田口	3	1	0
7	中島星	2	1	0
②	久保田	4	1	0

振球犠併残
8 3 0 2 12 44 10 2

諏訪清陵		打	安	点
⑥	五味	1	0	0
②	山内	5	1	0
③	雨宮	3	1	2
⑤	河西蒼	3	0	0
①	斉藤	5	0	0
⑧	上原	3	1	1
⑨	轟	4	0	0
⑦	原	4	1	0
④	梨本	3	0	0

振球犠併残
3 13 4 1 13 31 4 3

二 桜井柊、中島星 盗 阿1清2 失 阿1清1
▽試合時間2時間35分

投手	回	打	安	失
北沢	10⅔	48	4	3
斉藤	11	47	10	2

●岡谷工・桜本主将「エラーが出て追い掛ける展開になったが、気持ちは切れなかった。及ばなかったが、最後まで諦めなかった」

●岡谷工・高見（3安打2打点）「自分のふがいない投球で守備のリズムを悪くした。流れを変えようと、諦めない気持ちで打席に入った」

【評】下伊那農は一回、原田の2点二塁打などで勝ち越すと、その後も打線がつながり中盤に大きな追加点。長打6本を含む12安打で打ち勝った。
岡谷工は5失策と守りのミスが響いた。七回に4点を返すなど意地を見せたが及ばなかった。

3回戦 8/1・綿半飯田野球場

下伊那農 11－6 岡谷工

	1	2	3	4	5	6	7	8	9	計
岡谷工	1	0	0	0	0	1	4	0	0	6
下伊那農	4	0	0	2	1	2	1	1	X	11

（岡）高見、臼井、高見―桜本、三谷（下）小木曽―沢柳

下伊那農 直球狙い打ち

打撃戦で自信の1勝

両校合わせて22安打の打撃戦を制し、下伊那農が4回戦進出。直球を狙い打ってシード校の岡谷工に勝ち、主将の近藤は「大きな自信になる1勝」と喜んだ。

一回に先制されたが、その裏にすぐさま反撃。無死一、三塁からの三ゴロで同点とし、その後の1死一、二塁で原田は「家族にかっこいい姿を見せたかった」と左越えに勝ち越しの2点二塁打。相手先発対策としてピッチングマシンで130キロ台の速球を打ち込んできた打線は勢いが止まらず、最後まで試合の主導権を譲らなかった。

初戦（2回戦）に続いて12安打と大会に入って打線の調子が上向き、「全員のつなぐ意識が結果に表れている」と近藤。一方で6失点を喫し、「守り勝つのが本来のスタイル。大量得点は忘れ、自分たちのやるべきことに集中したい」と気を引き締めた。

岡谷工		打	安	点
⑧	宮嶋	5	2	0
⑨797	泉	5	1	1
③	石川	4	2	0
②9	桜本	3	0	0
⑤15	臼井	5	1	2
①71	高見	3	3	2
⑦	稲生	1	0	0
R9	久保田	0	0	0
5	五味	2	1	1
2	三谷	0	0	0
⑥	中村	3	0	0
6	伝田	0	0	0
H	松田	1	0	0
6	宮沢	0	0	0
④	堀井	2	0	0
H4	小口慶	1	0	0

振球犠併残
8 6 0 1 8 35 10 6

下伊那農		打	安	点
⑧	山田	4	1	0
⑥	鎌倉	3	1	1
②	沢柳	4	2	3
⑤	近藤	4	1	1
⑨	原田	5	3	2
①	小木曽	4	1	0
③	英	1	1	0
R3	中島	1	1	1
⑦	林雄	3	0	0
④	松下	4	1	1

振球犠併残
4 5 4 1 7 33 12 9

三 宮嶋、原田 二 原田2、沢柳、近藤、臼井、小木曽 盗 岡1下7 失 岡5下1 暴 小木曽
▽試合時間2時間30分

投手	回	打	安	失
高見	3⅔	16	4	5
臼井	3	16	6	4
高見	2	10	2	2
小木曽	9	41	10	6

一回下伊那農1死一、二塁、原田が左越えへ2点二塁打を放つ

【評】松川は右腕木戸が1失点完投し、南信第1シード校に競り勝った。走者を許しながらも要所は変化球を低めに決め、決定打を許さなかった。
東海大諏訪は、9残塁と好機で一本が出なかった。守りのミスが絡んだ四回の失点も痛かった。

松川右腕「真っ向勝負」

3回戦 8/1・綿半飯田野球場

松川 2—1 東海大諏訪

	1	2	3	4	5	6	7	8	9	計
東海大諏訪	0	0	0	1	0	0	0	0	0	1
松川	1	0	0	1	0	0	0	0	X	2

(東)大沢、今井悠—黒沢 (松)木戸—荒尾

1失点完投で競り勝ち、仲間と喜ぶ松川の先発木戸(中央)

南信第1シード相手に完投

南信第1シードを相手に真っ向勝負で快投を演じた。東海大諏訪の強力打線を1点に抑えた松川の木戸は「やったーと、本当に今はそれだけです」。試合後のインタビューは充実感が漂った。

苦手な一回を無失点に抑えたことで、エンジンが全開。動く直球とスライダーのコンビネーションがさえ、フライアウトを重ねた。疲れで制球が乱れた八、九回は得点圏に走者を進められたものの、「本来の思い切った投球に立ち返って」切り抜け、チームを4回戦に導いた。

高校入試の面接で「私立校を倒す」と宣言。「高い目標を掲げたことで自分を追い込んだ。その目標は変わらなかった」と木戸。今大会の組み合わせが決まってからは、「東海大諏訪との対戦が楽しみで仕方なかった」と照準を定めてきた。

念願をかなえた喜びに浸ったのもつかの間、「オリンピックスタジアムのマウンドに立ってみたい」とすでに視線は前を向く。連投になる4回戦に向け、「チームを勝たせられるようにしっかり準備したい」と力強く語った。

東海大諏訪 一本が出ず…

南信第1シードの東海大諏訪は、打線のつながりを欠いて3回戦敗退。三ゴロで最終打者となった主将の小甲は「プレッシャーに勝てなかった。すごく悔しい」と涙をこらえ切れなかった。

序盤に主導権を握られた。相手右腕の変化球にタイミングが合わず、凡打を繰り返した。捉えた打球も野手の正面に。「焦りが出た」と小甲。六、八、九回も1死で得点圏に走者を置いたが、あと一本が出なかった。

3年生だけで臨んだ今大会は、2試合を戦っただけで姿を消すことになった。藤井監督は「もっと3年生たちと野球がしたかった。勝たせてあげられず申し訳ない」と硬い表情で話した。

東海大諏訪	打	安	点
③ 小甲	4	1	0
⑤ 丸山	4	0	0
⑥ 大塚	2	0	0
⑨8 鳥山	3	3	0
② 黒沢	1	0	0
⑦ 小淵	3	0	0
H 加藤	1	0	0
7 今井来	0	0	0
④ 平野	4	2	1
⑧ 本城	2	0	0
H9 松下	1	0	0
① 大沢	2	0	0
1 今井悠	1	0	0
H 菅	1	0	0

振	球	犠	併	残			
3	4	4	2	9	29	6	1

松川	打	安	点
⑥ 中平	4	1	0
② 荒尾	3	2	0
⑦ 大島	2	0	0
① 木戸	3	0	0
⑨ 村山	3	0	0
③ 松田	3	1	0
⑤ 今村	3	1	0
④ 牧田	2	0	0
⑧ 伊藤	3	0	0

振	球	犠	併	残			
9	0	2	0	2	26	5	0

三 平野 盗 東0松1
失 東2松1
▽試合時間1時間32分

投手	回	打	安	失
大沢	5	19	5	2
今井悠	3	9	0	0
木戸	9	37	6	1

岡谷南 六回11人猛攻

逆転勝ち「精神的な成長」

岡谷南は3点を追う六回に集中力を発揮し、打者11人で5得点を挙げた。夏は3年連続となる8強入りを逆転勝ちで決め、倉坪監督も「苦しい中、大量点での逆転。選手たちの精神的な成長を感じた」と声が弾んだ。

諏訪清陵の右腕斉藤に対し、五回まで無得点。しかし、制球を乱した六回の隙を逃さなかった。「低めの見極めを徹底し、つなぐ意識を強めた」と主将の篠原。際どい球には手を出さずバッテリーに重圧を掛け、四死球で好機をつくった。

2死一、二塁から今村の2点二塁打で1点差に詰め寄り、四死球の満塁から島津の内野安打で同点に。さらに2連続押し出し四球で勝ち越した。二回以降を無安打に抑えていた先発山岸もリードをもらったことでさらにギアを上げ、諏訪清陵の反撃を封じた。

準々決勝で対戦する飯山は、昨夏の長野大会準々決勝で敗れた相手だ。その試合にも先発出場した篠原は「きょうのような集中力で、去年の悔しさを晴らしたい」と雪辱を期した。

4回戦　8/2・綿半飯田野球場

岡谷南 7 — 3 諏訪清陵

諏訪清陵	1	2	0	0	0	0	0	0	0	3
岡谷南	0	0	0	0	0	5	2	0	X	7

（諏）斉藤、轟、河西蒼―山内　（岡）山岸―小松
▶本塁打　（諏）雨宮

【評】岡谷南は後半に集中力を発揮。六回、相手投手の乱調に乗じ、今村、島津の適時打などの5点で逆転し、七回は3連打で2点を追加した。
諏訪清陵は一回に雨宮が本塁打を放ち、二回に2点を加えたが、その後は無安打で流れを失った。

●諏訪清陵・斉藤（六回に5失点）「最初から疲れがあった。逆転されてしまったが、万全ではない中、よく投げられたと思う」

●諏訪清陵・雨宮主将（一回に公式戦初本塁打）「入るまで分からなかったが、うれしかった。ここまで勝ち進めてチームとして成長できた」

諏訪清陵		打	安	点
⑥	五味	4	0	0
②	山内	3	0	0
③	雨宮	4	1	1
⑤1	河西蒼	3	0	0
⑧	上原	3	0	0
⑨19	轟	3	0	0
①	斉藤	1	0	0
9	高橋	1	0	0
5	宮阪	0	0	0
⑦	原	3	0	0
④	梨本	2	0	1

振	球	犠	併	残			
10	3	3	0	3	27	1	2

岡谷南		打	安	点
⑧	島津	5	3	2
⑥	篠原	4	0	1
②	小松	3	0	1
⑨	星野	5	3	0
⑦	五味	3	0	0
①	山岸	3	2	0
④	今村	2	1	2
R4	中沢	1	0	0
⑤	金子	1	0	0
H	佐藤	1	0	0
5	花岡典	2	1	1
③	高橋	3	1	0

振	球	犠	併	残			
4	9	2	1	13	33	11	7

二今村、島津、星野　盗諏0岡1　失諏0岡3　暴斉藤　逸小松
▽試合時間2時間10分

投手	回	打	安	失
斉藤	5⅔	29	6	5
轟	1	8	3	2
河西蒼	1⅓	7	2	0
山岸	9	33	1	3

六回岡谷南2死一、二塁、今村の中越えへの適時二塁打で二走星野に続き一走山岸も生還。2－3と追い上げる（捕手山内）

10回下伊那農２死満塁、左前へのサヨナラ打を放った原田（右から４人目）を笑顔のナインが迎える

4回戦 8/2・綿半飯田野球場

下伊那農 8―7 松川

	1	2	3	4	5	6	7	8	9	10	計
松川	0	0	0	2	0	0	5	0	0	0	7
下伊那農	0	0	0	1	2	0	1	3	0	1x	8

延長十回 （松）木戸―荒尾 （下）小木曽、鎌倉―沢柳
▶本塁打 （松）大島

●**松川・大島**（七回に逆転の満塁本塁打）「仲間がつないでくれたので絶対に打ってやるという気持ちだった。高めの直球を引きつけて打てた」

●**松川・木戸**（３試合連続完投）「疲れを感じて手投げになったが、やり切れた。サヨナラ打を打たれた場面は夢の中にいるようだった」

下伊那農 延長サヨナラ劇

一丸で56年ぶりの夏8強

7―7の延長十回。下伊那農は2死二塁から沢柳と近藤が四球で歩き、満塁で打席に入った原田は「仲間が最高のムードで送り出してくれた。『来た球を振り抜く』。それだけだった」。左前への痛烈な一打でシーソーゲームに終止符を打ち、夏の公式戦では1964年以来の8強入り。主将の近藤は大粒の汗を輝かせながら「選手、監督、保護者…。全員の力を合わせてつかんだ勝利」と強調した。

五回に逆転したが、七回に満塁本塁打を浴びるなどで4点のビハインドを背負った。「気持ちが切れるのではないかと心配した」と松島監督。しかし、指揮官の不安は杞《き》憂《ゆう》に終わる。

その裏に原田の適時打で1点を返し、続く八回は1死一、二塁で山田が右中間に2点二塁打。近藤も「リードされてもみんな明るかったので、焦りも負ける気もなかった」。左前に同点適時打を放ち、延長サヨナラ劇につなげた。

3回戦でシード校の岡谷工を倒し、この日はチーム一丸で延長戦を制した。松島監督は「一戦ごとに選手たちが成長している」。原田は「オリンピックスタジアムでも下農野球を見せつけたい」と自信に満ちた表情で語った。

【評】下伊那農は2度のビハインドをはねのけ、延長十回2死満塁から原田の適時打でサヨナラ勝ち。2番手鎌倉が無失点の好投で流れをつくった。
松川は七回に大島の満塁本塁打などで4点差をつけたが、連投の木戸が持ちこたえられなかった。

松川		打	安	点
②	荒尾	4	1	0
⑥	中平	4	1	0
⑦	大島	5	1	4
①	木戸	4	0	0
⑨	村山	4	2	0
⑤	今村	4	1	2
③	松田	4	3	1
④	牧田	3	1	0
⑧	伊藤	4	1	0

振	球	犠	併	残	打	安	点
7	5	4	2	8	36	11	7

下伊那農		打	安	点
⑧	山田	5	2	2
⑥1	鎌倉	3	1	0
②	沢柳	2	1	2
⑤6	近藤	4	2	1
⑨	原田	5	2	3
③5	中島	5	1	0
①7	小木曽	4	0	0
⑦	塩沢	2	0	0
73	林雄	3	2	0
④	松下	2	0	0

振	球	犠	併	残	打	安	点
4	9	6	1	13	35	11	8

[二]沢柳、山田[盗]松2下1[失]松3下1▽試合時間2時間24分

投手	回	打	安	失
木戸	9 2/3	50	11	8
小木曽	6 2/3	33	9	7
鎌倉	3 1/3	12	2	0

地区代表決定戦 スタンドも熱く

南信の2代表決定戦は、それぞれ飯田下伊那勢同士、諏訪勢同士が対戦。ともに逆転で、A代表は下伊那農、B代表は岡谷南に決まった。全力を振り絞った選手たちに、保護者らは大きな拍手を送った。

岡谷南―諏訪清陵 選手を信じて応援

岡谷南3年佐藤拓未選手の父健一さん(52)は「前半は冷や冷やしたが、選手を信じて応援した」。準々決勝で当たる飯山には昨夏長野大会で敗れており「リベンジを」。初回に本塁打を打った諏訪清陵3年の雨宮陸斗主将の父好宏さん(43)は「公式戦で初めてホームランを見ることができた。悔しい気持ちはあるが、やり切ったと思う」と話していた。

六回裏、逆転劇に喜ぶ岡谷南の保護者ら

下伊那農―松川 笑顔に励まされた

下伊那農3年の近藤慎之介主将の母純子さん(50)は「心が折れそうな場面でも選手が笑顔でプレーし、応援する側も励まされた」。同3年の小木曽柊《しゅう》真《ま》投手の母志乃美さん(46)も「仲間を信じ一丸で臨んだ結果」とたたえた。松川の選手は、3回戦で下した東海大諏訪の分と合わせて千羽鶴を下伊那農の選手に託した。松川の木下良則・保護者会長(48)は「新型コロナの中、これほど良い試合ができたことに心から感謝したい」と話した。

延長10回裏、サヨナラ勝ちに沸き立つ下伊那農の保護者ら

信州高校野球 試練乗り越えて

（全5回連載）

「甲子園」中止 自問重ねた球児
意義見つめ直す契機に

全国高校野球選手権長野大会の代替大会「2020年度夏季高校野球長野県大会」は7月18日に開幕し、県内の高校球児たちが集大成となる舞台に臨もうとしている。新型コロナの収束が見通せない中で開催される代替大会の意義とは。最後の夏に懸ける球児の姿や思いを追った。（文中一部敬称略）

◆

「下級生も含めて実力でメンバーを選んでください」

通常登校に戻り、部活動が再開したばかりの6月上旬。中野立志館の三ツ井拓也主将は3年生14人の思いを野沢等監督(55)に伝えた。部員たちの信念に触れた野沢監督は「この子たちはすごいな」と感心した。

未曽有の事態に野沢監督は悩んでいた。前任校の須坂から4月に赴任すると、直後に緊急事態宣言が発令されて休校に。「生徒の顔も名前も分からない」。部活動も休止となり、夏に向けた大事な時期に部員たちとの信頼関係を築けないまま時間が過ぎた。そんな状況下、日本高野連が5月20日に甲子園と地方大会の中止を発表した。当日、3年生だけを呼び集めたが、掛ける言葉が見つからず、「現実をしっかり受け止めよう」と話すにとどまった。

そうした中、県高野連が代替大会「2020年度夏季高校野球長野県大会」の開催を決めた。全体練習が再開すると、野沢監督は部員たちに「(代替大会は)3年生全員をベンチに入れる」と伝えた。新型コロナの影響を受けた3年生を気遣ったつもりだった。

だが、3年生たちの思いは違った。三ツ井主将は「自分の力で背番号を取る。姿勢を変えずに最後までやりたかった。それが成長につながる」。後日、3年生の意見をまとめて監督に直訴した。

練習スタイルも変えた。主将を中心にメニューを作成し、練習後には必ず反省会を開いた。休校期間中、野球ができるのは幸せなことなんだと実感し、何のために野球をしているのか自問した三ツ井主将は「僕らは監督に頼りすぎていた。今は一人一人がチームのために何ができるか考えられるようになった」と言葉に力を込める。

6月27日に解禁となった練習試合ではみんなが楽しそうに生き生きとプレーしていた。野沢監督は「今の子どもたちは考えさせてやれば自主的に伸びる。これが高校野球の原点かもしれない」と思いを新たにしている。

自主性を持って練習に取り組む中野立志館の選手たち
＝6月27日、同校グラウンド

●

甲子園を見据えてきた球児もコロナ禍が自分を見つめ直すきっかけになった。2年ぶりの長野大会優勝を目指した佐久長聖のエース梅野峻介(3年)は大会中止発表の翌日、「目標を失って何も考えられない」と自主練習を休み、寮の自室にこもって泣いていた。

見かねた藤原弘介監督(45)は諭した。「プロを目指している選手がそれでいいのか。もし、また同じような状況になった時、乗り越えた経験を伝えられる人間になれ」

「その言葉に救われた」と梅野。「結果ばかりを追い求めていたけれど、自分から野球を取ったら『何もない』では、いままでやってきた意味がない。野球を通して人として成長できたかどうか」。これまでの頑張りを誇るためにも3年生52人で臨む夏季県大会で優勝したいと意気込む。（7月11日掲載）

投げ出さなかった3年生たち
諦めない姿勢を後輩に

2021年に創部100周年を迎える長野商野球部。夏8回、春3回の甲子園出場歴があり、プロ野球日本ハムの金子弌大投手らを輩出した伝統校も

自分たち3年生の思いをプレーや姿勢で示そうと、ひた向きに守備練習に取り組む長野商の青木主将(中央右)ら＝7月10日、同校第2グラウンド

新型コロナウイルスの影響に涙をのんだ。

主将の青木亮太(3年)は、兄が在籍した佐久長聖が長野大会を制した16年夏、初めて甲子園球場を訪れた。一塁側アルプススタンドから見つめた選手たちの姿に甲子園への思いが一層募り、「地元の公立校で甲子園を目指したい」と、進学先に長野商を選んだ。

だが、新型コロナに夢をかなえるチャンスを奪われた。甲子園大会の中止決定直後は実感が湧かなかったが、部活動が再開した6月1日に仲間とグラウンドに出ると、「いろんな感情が込み上げた」と自然に涙がこぼれた。

そんな苦境にも、再び顔を上げた。今年のスローガンは「伝統継承」。最後まで諦めずに勝利を追い求める姿を後輩たちの目に焼き付けることも3年生の重要な役割だと考えた青木は「甲子園中止は悲しいことだけれど、自分たちが長商の伝統をより良いものにし、後輩に良い形で橋渡ししたい」。簡単に投げ出すわけにはいかなかった。

練習再開日に3年生だけで開いたミーティング。開催が決まった代替大会に向け、全力で野球をやり切るという方向性を全員で確認した。主力選手でもある町田紘季(3年)は部活動休止中、野球ができることは当たり前ではないと実感。「一日一日、一つ一つのプレーをより大切にするようになった」と、練習や試合に向かう姿勢で後輩たちに伝統を伝えようとする。2年生の石坂陸人は「3年生は中止決定後も悲しい顔を見せなかった」と尊敬のまなざしを向けた。

●

女子マネジャーを含む梓川の5人の3年生は、新型コロナの感染が収まらない5月上旬、自分たちの引退時期について思いを巡らせた。山本俊介監督(28)の提案で、夏の大会が開催された場合と中止になった場合を想定。オンライン上で意見を出し合い、3年生で決めたのが「たとえ大会が中止になっても、開幕予定日までは一生懸命野球に取り組む」だった。

主将の亀井椋太(3年)は「3年生は選手が4人だけで、下級生がいなければチームが成り立たなかった。恩を返したかった」と思いを語る。山本監督は「仲間や後輩のことを思いやれるところが彼らの良さであり、頼もしさを感じた」と振り返る。

6月に部活動が再開すると、以前よりも積極的に後輩たちに声を掛ける3年生の姿があった。「野球を本気でやるのは最後になると思う。悔いが残らないようにしたい」と亀井主将。各校の3年生たちは、後輩たちへの思いも胸に集大成の夏舞台に乗り込む。

(7月12日掲載)

最後の夏へ　深まった親子の絆

前向く息子に「救われた」

新型コロナウイルスの影響で今夏の甲子園と長野大会が中止となり、球児の保護者たちにも落胆が広がった。支えとなったのは、厳しい状況に直面しながらも努力を続けた息子の姿。休校と部活動休止で一緒に過ごす時間が増え、球児と家族の絆は一層深まった。

上田染谷丘で主将を務める甲田剛基(3年)は「優勝を目指す」と意気込む。目標を失い、一時は落ち込んだ。だが、自身のプレー映像を見返し「全然駄目。こんなんで終われない」と気持ちを奮い立たせた。

映像は、父の賢剛さん(49)が撮影した。自宅のパソコンには50試合以上の映像が残る。一緒に戦ってきただけに甲子園中止は「ショックだった」と賢剛さん。しかし、何度も映像を見返す甲田の姿に「息子は最後まで戦おうとしていた。成長がうれしかった」と語る。甲田も「映像からいろいろな発見があった。当たり前のように感じていたが、親に感謝しなければいけない」と気付いた。二人三脚で最後の夏を駆け抜ける覚悟だ。

●

松本第一の伊東悠太(3年)の父・博之さん(48)も高校時代、甲子園を目指して白球を追った。伊東が幼い頃から

親子で力を合わせて高校最後の夏に臨む上田染谷丘の甲田主将(右)と賢剛さん＝6月27日

成長を見守り、「自分が果たせなかった夢を託してきた」。

　寮生活の伊東が新型コロナの影響で伊那市の自宅に戻ると、博之さんは毎日練習に付き合った。球威、スイングスピードは格段に上がっており、「真剣に野球と向き合ってきたことが分かった」。努力が報われることを願ったが、5月20日に夏の大会中止が決まった。「頑張ってきた息子の姿が走馬灯のようによみがえり、思いがあふれた」

　中止決定後も伊東は練習を続けた。「気持ちはどん底のはずなのに懸命に前を向く姿に救われた」。憂鬱《ゆううつ》な気分は霧散した。伊東も「自分のことのように悲しむ親を見て、その情熱に支えられてきたんだと実感した」。感謝の気持ちが湧き上がり、「最高の恩返しをするために結果を出す」と気持ちを高めている。

練習試合を熱い視線で見守る富士見の保護者ら＝7月12日

●

　富士見の保護者たちは5月の大型連休中、子どもたちに夏の舞台が訪れることを信じて行動を起こした。

　室内練習場として使っていたパイプハウスが冬の大雪で倒壊。保護者総出で壊れたハウスの撤去などに精を出した。保護者会長の北原響さん(52)は「大会を見据えて梅雨時に練習できる場所をつくってあげたかった」。母親たちは恒例のお守りづくりに取り組んだ。

　悪天候が続き、ハウスの完成は間に合わなかった。それでも選手たちは汗を流してくれた保護者に感謝する。内藤光翼主将(3年)は「多くの人に支えられて野球ができていると改めて実感した。全力プレーで応えたい」と誓っている。

　(7月14日掲載)

プロや進学を目指す選手
代替大会　実力示す好機

　昨夏の甲子園で最速144キロを出した飯山のエース常田唯斗(3年)が「プロは特別。大学進学と迷っているけれど、行きたい気持ちもある」と言えば、昨秋の県大会を制した上田西で中軸を打つ高寺望夢(3年)も「小さい頃からプロ選手になりたいと思ってきた」。

　長野市内で11日に行われた両校の練習試合には、プロ球団や大学の関係者14人が視察に訪れた。

　新型コロナウイルス禍による大会中止や部活動休止は、球児たちの進路にも影響を及ぼしている。パ・リーグ球団のスカウトは「高校生は練習が十分できていない。その上で練習試合だけで力量を判断するのは難しい」と頭を悩ませる。春夏の甲子園中止の影響にも触れ、「今年の高校生は進学希望が多い。評価される機会が少ないためか、大学でレベルを上げ、改めて評価されたいと考えるようだ」と明かす。

　また、東海地方のある大学野球部の指導者は「定員は限られており、プロレベルの選手の進学により、これまで推薦で入れた選手が入れなくなる可能性もある」と語る。

　大学側の推薦基準も定まりきらない。一般的にスポーツ推薦で進学を目指す場合、大学ごとに設けられた「甲子園出場」「県大会ベスト8以上の主力」など、実績面の基準をクリアする必要がある。しかし、昨秋までに基準を満たした選手はほんの一握り。今春以降の大会で基準クリアを狙っていた球児にとって大会中止の影響は大きい。

　各大学のセレクション(入部選考会)でプレーを評価してもらう道もあるが、新型コロナの影響で開催を見合わせている大学も多いという。松商学園の足立修監督(56)は「大学側は選手を評価するためのデータがないし、選手はアピールする場が少ない」。それだけに県高野連が開催を決めた代替大会は貴重なアピール機会だ。飯山の吉池

プロのスカウトも見守る中、練習試合で対戦した飯山の常田(右)と上田西の高寺＝7月11日、長野オリンピックスタジアム

拓弥監督(29)は「プロや進学を目指す選手は、真剣勝負の代替大会で良い結果を残すことが重要」と強調する。

●

中学生たちも代替大会に熱い視線を向ける。千曲ボーイズの青木悠斗外野手(川中島中3年)は、これまで学力を重視した進路に気持ちが傾いていたが、自分の野球の実力が上がるにつれ、「野球部の成績も判断材料になった」。代替大会は無観客で実施されるため、「インターネット中継や新聞でプレーやコメントを見て、チームの雰囲気をイメージしたい」と各校の戦いに注目する。

長野東シニアの藤嶋一利監督(61)は「多くの中学生が見ている。高校生には最後まで諦めずにプレーする姿を見せてほしい」と要望する。自らの進路を切り開き、未来の高校球児たちに希望を与えられるか—。球児たちにとって代替大会は大きな意味を持つ。

（7月15日掲載）

運営費や球場確保に多くの支え

「真剣勝負」舞台整った

「『真剣勝負』の『価値ある』大会を長野県の高校野球部全体でつくり上げていきましょう」

6月中旬、全国高校野球選手権長野大会の代替大会に出場する県内野球部の監督たちに「選手に指導すべき心構え」と題したメールが届いた。送信したのは県高野連監督部会の各支部代表者。その一人、岩村田の花岡淳一監督(53)は「真剣勝負の舞台を用意してもらったからには、全力プレーを怠ったり、集中力を欠いたりしては意味がない。選手に伝えなければならないことを指導者全員で共有したかった」と思いを語る。

18日に開幕する代替大会の試合方式は、ベンチ入り選手を試合ごとに入れ替えられる点を除けば例年通り。4回戦までを公式戦として実施し、4地区で実施するトーナメント方式で県ナンバーワンを決める。県高野連の西條浩章会長(59)は「単なる引退試合ならば各校でできる。従来の大会に近い形でやらせてあげたかった」と力説する。

松本市四賀球場に飾られた中信地区加盟21校のユニホーム＝7月11日

だが、開催に向けた調整は難航した。開催時期に想定した7月中旬～8月上旬はほかの団体の大会が重なり、球場確保が大きな課題となった。さらに無観客で実施する代替大会は入場料収入がゼロになるため、県高野連の依田和浩専務理事(51)は「秋の大会も無観客開催を想定すれば、大会と連盟の運営費で少なくとも1千万円は必要」と頭を抱えた。

●

苦境を救ったのは、県内の野球関係者だった。球場の問題は、少年野球や軟式野球の団体が全面協力。BCリーグの信濃グランセローズは7月に松本市四賀球場で開催予定だった2試合を8、9月に移す形で協力した。

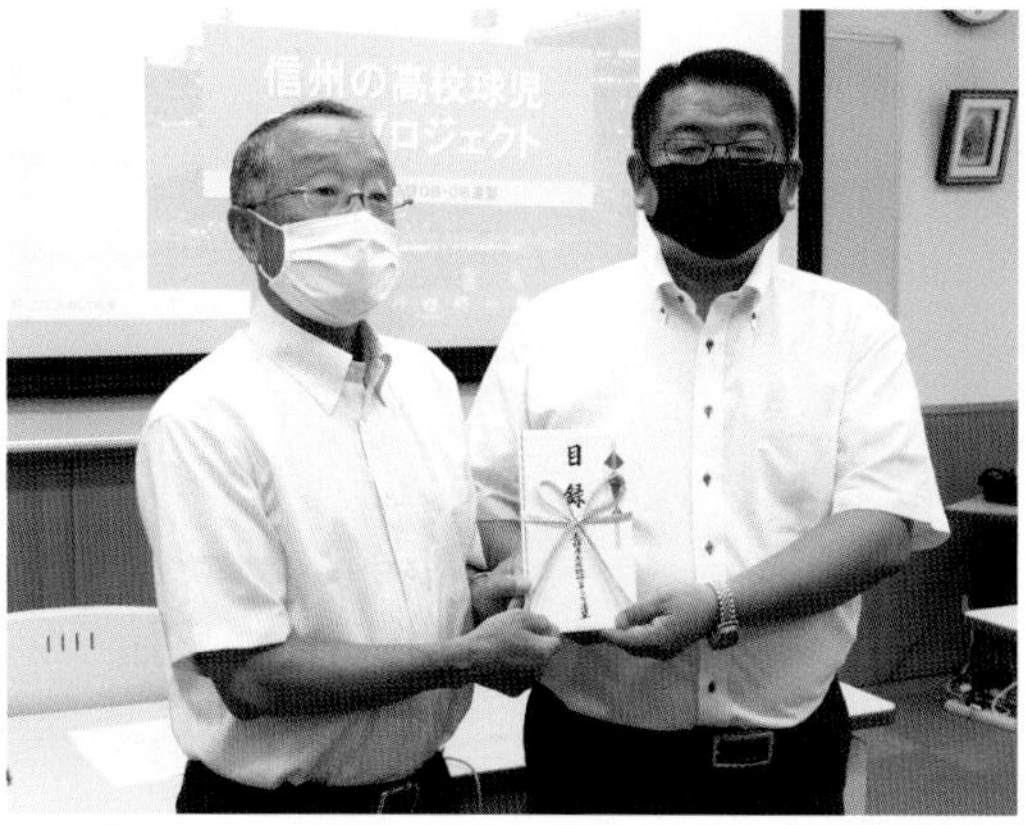

県高校野球OB・OG連盟の池口良明会長（左）から支援金の目録を受け取る県高野連の西條浩章会長＝6月29日

中野実(現中野立志館)野球部OBでもある竹内羊一球団社長(65)は「彼らは同じ野球をする仲間。甲子園につながらなくても、代替大会開催に協力したかった」と語る。松本市四賀地区の住民有志が四賀球場に出場校のユニホームを展示するなど、高校3年生の最後の大会を盛り上げようとする動きもある。

日本高野連や県の支援金だけでは賄いきれない運営費を確保しようとする活動も進行中だ。県高校野球ＯＢ・ＯＧ連盟は、中止になったマスターズ甲子園長野大会の企業協賛金の一部、170万円余を県高野連に寄付。さらに一般からの寄付を8月末まで募っている。県高野連の西條会長は「開催のめどが立った。高校野球が多くの人に支えられていることを改めて実感した」と感謝の思いを口にする。

監督部会のメールには部員に向けたメッセージも記されている。「全ての方が君たちのために動いてくださっている。自分たちのためだけに戦うのではなく、関わっていただく全ての人への思いをその姿で表現してほしい」。コロナ禍の中で夏を迎える球児たち。集大成の舞台の幕がもうすぐ上がる。

（7月16日掲載）

全78チーム メンバー紹介

7月15日付別刷り特集の内容のうち、集合写真とメンバー表を転載した。校名は正式名称とし、原則五十音順（一部変更）。メンバー表の◎は主将。かっこ内は投打。以下は氏名、学年、出身中学の順。監督の年齢は7月18日現在。3年生が20人を超える場合、各校の意向に沿って3年生を優先して全員掲載した。

上田染谷丘

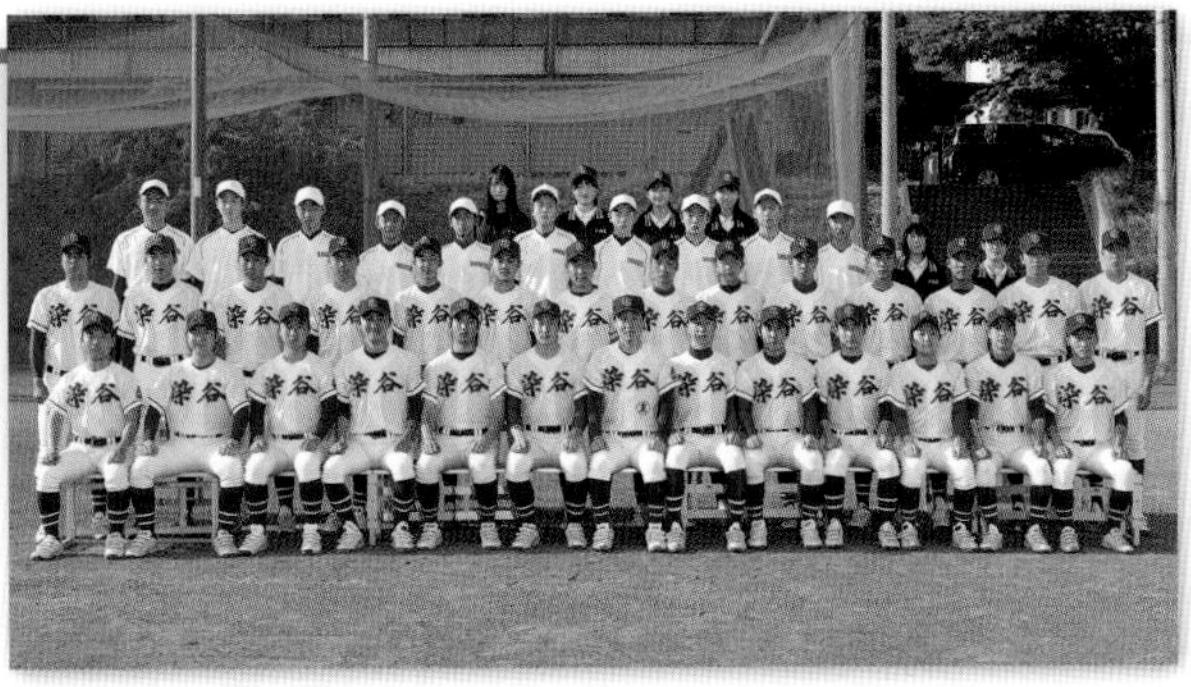

監督　中村　哲朗（51）

投（左左）花見　貴弘③　青木
捕（右右）中曽根熙也②　上田一
一（右右）小出　樹③　塩田
二（右右）池田慎太郎③　東御東部
三（右右）鳴沢　天②　北御牧
◎遊（右右）甲田　剛基③　上田四
左（右右）寺島　琉生③　上田六
中（左左）荒井　多希③　上田四
右（右右）金沢　陸斗③　上田六
（左左）奈良本昌汰③　青木
（右右）合津　幸典③　上田三
（右右）戸田　秀太②　真田
（左左）荻原　和希②　東御東部
（右左）西沢　琉哉②　上田五
（右右）山地　和哉③　上田三
（右右）宮腰　泰心②　真田
（右左）高見沢　卓③　川上
（右右）土屋　龍輝③　東御東部
（右右）荒井　智洋③　更埴西
（右右）坂口　知生②　真田

上田千曲

監督　新井　利尚（39）

投（右右）斉藤　孝紀③　丸子
◎捕（右右）田島　立希③　塩田
一（右右）柳沢未菜人②　戸倉上山田
二（右右）依田　柊哉③　上田三
三（右右）山崎誠一郎②　坂城
遊（右右）宮下　京③　塩田
左（右左）山岸　怜史③　丸子北
中（右右）池内　琢真③　丸子北
右（右左）村越　雅毅③　塩田
（右右）小林　光貴③　塩田
（右右）山岸　勇真②　東御東部
（右右）米沢　翔②　埴生
（右右）小林　恵也①　東御東部
（右左）野田　陽斗①　上田五
（右左）小林　相太①　松代
（左左）鈴木　駿斗①　上田六
（右右）土屋　翔①　東御東部
（右右）小山　透和①　坂城
（右右）宮入　義仁①　戸倉上山田
（右右）西牧　航平①　上田一

岩村田

監督　花岡　淳一（53）

投（右右）五味　泰成③　望月
◎捕（右右）内藤　士③　小諸東
一（左左）小林　大輝③　小諸東
二（右右）土屋　良太③　中込
三（右左）田村　洸織③　浅間
遊（右左）関　大楓②　東御東部
左（右両）清水　謙汰③　浅間
中（右右）依田　一輝③　浅間
右（右右）角田　紘大③　浅間
（右右）有賀　空翔②　浅間
（右右）山浦　光汰③　臼田
（右右）菊池純之進③　南牧
（右左）菊池　優斗③　臼田
（右右）油井　祐真②　佐久穂
（右右）上田　悠人②　浅間
（右右）林　直矢②　野沢
（右右）毛利　颯汰②　小海
（右右）花岡　凪②　立科
（右右）田中　登偉②　東御東部
（左左）井出　慎也①　野沢

上田東

監督　中村　成礼（44）

投（左左）山本　虹輝③　塩田
捕（右右）村越　寛毅③　塩田
一（右右）水野　楓汰③　上田三
二（右右）高木　康佑③　上田四
三（右右）山口　大輝③　真田
◎遊（右右）西沢　太一③　丸子北
左（右右）市川　陽大③　上田三
中（右右）小林　悠仁③　東御東部
右（右右）甘利　望③　芦原
（右右）太田　桂誠③　東御東部
（右右）大塚英太郎③　北御牧
（右右）堀内　翔星③　上田三
（右左）花岡　岳③　立科
（右右）小山　流輝②　真田
（右右）依田　隆生②　北御牧
（右右）滝川　汰一②　上田三
（右右）水上孝太朗②　上田五
（右右）小坂井春翔②　上田四
（左左）下田純之助①　東御東部
（右右）坂口　元太①　上田一

上田

監督　桜井　剛（52）

◎投（左左）杉原　聖也③　丸子北
捕（右左）佐野　太一③　上田二
一（右右）伊藤　洋輝③　東御東部
二（右右）下田新之助③　東御東部
三（右左）新海佑太郎②　上田六
遊（右右）牧内　晴彦③　真田
左（右右）篠原　歩真③　上田一
中（右左）菅野　太雅③　上田六
右（右右）青木　瞭③　長野東部
（右右）奥村　太一②　上田一
（右左）長谷川瑛人②　浅間
（右右）米沢　康佑②　上田三
（右右）竹内真乃介②　上田一
（右右）堀込　将哉②　浅間
（右右）井出　匠弥②　篠ノ井東
（右左）淀川　理久②　東御東部
（右右）構　翼斗②　御代田
（右左）武井　優太②　浅間
（右右）小川　倖輝②　上田三
（右右）青谷　知偉②　更埴西

小諸

監督　丸山　雄三（26）

投（左左）荻原　玲於②　北御牧
捕（右右）遠藤　　倖②　軽井沢
一（右右）望月　　樹②　浅科
二（右右）小平　　祥②　小諸東
三（右右）篠原　大雅②　浅科
遊（右右）舟田　拓斗②　御代田
◎左（右右）塚原　勇士③　浅間
中（右右）八嶋　夏海②　芦原
右（右右）高橋　　駿②　小諸東
（右右）柳沢　大樹②　望月
（右右）掛川　歩夢①　芦原
（右右）松涛　哲平①　浅科
（左左）岡本　我空①　御代田
（右右）伊藤　由貴①　立科
（右右）丸山　大晴①　御代田
（右右）小林　龍矢①　芦原
（右右）高橋　陽翔②　東御東部
（右右）篠原　令磨①　芦原
（右右）黒沢　陸斗②　北御牧
（右右）竹花　治翔①　小諸東

上田西

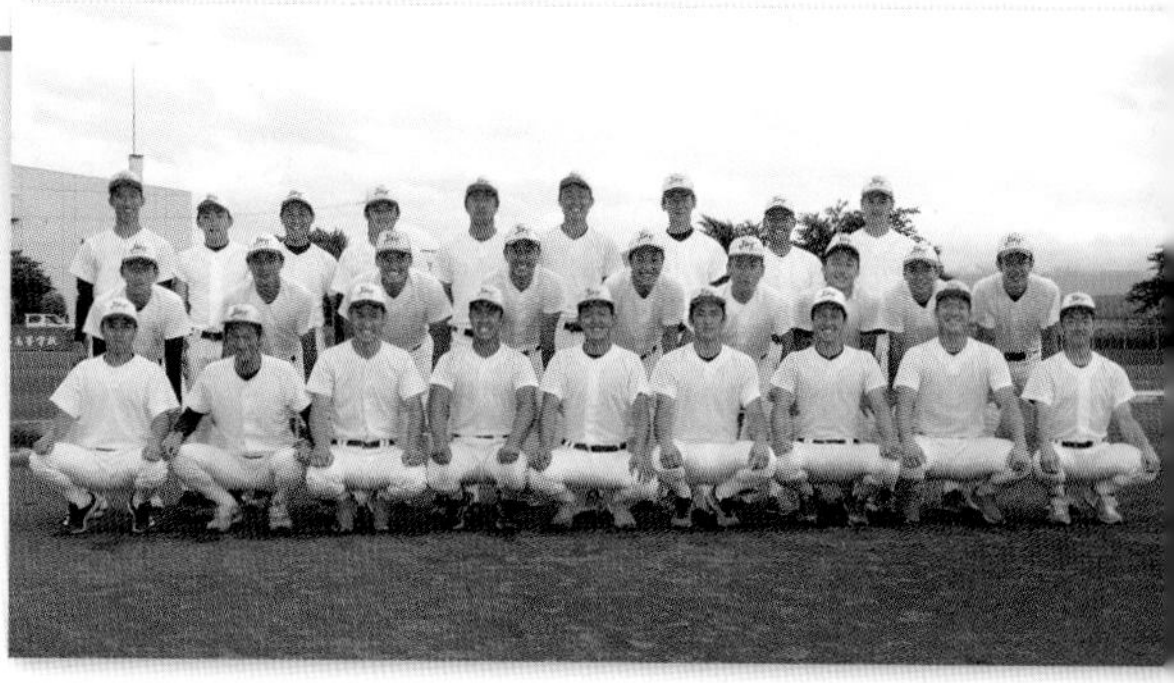

監督　吉崎　琢朗（37）

投（右左）阿部　巧雅③　上田六
捕（右右）小林　大将③　岡谷北部
一（左左）杉原　匠海③　丸子北
二（右右）中村　奏斗③　丸子北
◎三（右左）清水　　怜③　赤穂
遊（右左）高寺　望夢③　真田
左（右右）松川　和史③　上田六
中（右右）水出　八尋③　上田二
右（右右）竹下　拳斗③　丸子北
（右左）佐藤　正健③　箕輪
（右右）三石　健瑛③　臼田
（左左）小田　皇輝③　富士見
（右右）三富　彰也③　赤穂
（左左）久保敷孔介③　高森
（右右）原沢　崇太③　埼玉加納
（右右）山田　廉太③　諏訪西
（右右）青山　愛弥③　鼎
（右右）島田　蔵都③　上田一
（右右）権田　大智③　川中島
（右右）斎藤航太朗③　丸子北
（右左）大井玲皇那③　東京府中
（右右）小林　　陽③　篠ノ井西
（左左）滝沢　恒太③　坂城
（右右）長張　稿平③　相森
（右左）中屋　大希③　芦原
（右右）原　　瑠星③　墨坂
（右右）堀内　雅翔③　上田四
（左左）柳沢　大樹③　篠ノ井東
（右右）岡宮　正豪③　常盤

小諸商業

監督　竹峰　慎二（41）

投（左左）土屋　呉巴③　箕輪
捕（右右）小林　　航③　中込
一（右左）南村　　悠③　上田五
二（右右）平林　陽斗③　浅間
三（右左）上原健樹世③　野沢
◎遊（右右）伊部　元貴③　小諸東
左（左左）内堀　　怜③　御代田
中（右右）加藤　功心③　中込
右（右左）古越　玲音②　御代田
（右右）加藤　大雅③　御代田
（右左）青柳　響生②　丸子北
（右右）加藤　哲心①　中込
（右左）由井　涼雅②　野沢
（右左）新津　直弥②　佐久穂
（右右）小林　伸伍②　上田六
（右右）清住　柚稀②　丸子北
（右左）黒岩　　蓮②　諏訪西
（右右）富田　康平②　臼田
（右右）佐藤　　陸③　野沢
（右右）岩下　智哉②　野沢

軽井沢

監督　佐藤　真平（36）

投（右右）宮久保　和③　軽井沢
捕（右右）内堀　　蓮③　軽井沢
一（右右）小林　和貴③　軽井沢
二（右右）荻野　宙夢②　芦原
三（右右）山本慎之助③　軽井沢
遊（右右）土屋　暁希③　軽井沢
◎左（右右）ネウパネ長谷川ひら③　軽井沢
中（右左）杉本　　陸②　軽井沢
右（右右）猪口富利弥③　北御牧
（右左）倉沢　　隼①　小諸東

佐久平総合技術

監督　川島　竜也（36）

投（左左）小林　　蓮②　中込
捕（右右）山浦　雄生③　浅科
一（右右）佐藤梨々哉③　浅科
二（右左）中嶋陸駆斗③　小諸東
三（右左）中島　凜斗②　小諸東
遊（右右）山浦　拓郎③　小諸東
左（右右）岩間　　慧③　御代田
中（右右）富沢　透磨③　佐久穂
◎右（右左）友野　雷太③　臼田
（右右）平林　伸健③　臼田
（右右）碓井　劉慶①　中込
（右右）土屋　　真①　中込
（右右）土田　理夢①　御代田
（右右）高見沢朋希①　佐久東
（右右）菊池　瞭乙①　中込
（右右）黒沢　優斗①　中込
（右右）箕輪　晃浩③　中込
（右右）土屋　　実①　中込
（左左）両川　洋平②　上田一
（右右）松田　晴弥①　御代田

小海

監督　清水　猛杉（27）

投（右右）黒沢　健星②　臼田
◎捕（右右）浅川　純太③　佐久穂
一（右右）鶴田　和孝③　川上
二（右右）新津　快享③　佐久穂
三（右右）井出　彩斗②　川上
遊（右左）山田　直也③　佐久穂
左（右右）沖浦　朝陽③　佐久穂
中（右右）清水　　陸③　佐久穂
右（右右）島崎　祐真②　小海
（右右）土橋　貴行③　小海
（右左）中島　健大③　小海
（右右）白川　惟央①　小海
（右左）新津　光燿②　川上
（右右）山口弥寿人②　佐久穂
（右右）清水　朝陽①　臼田
（右右）小林　春輝①　臼田
（右右）渡辺　琉星①　浅間

地球環境

監督　柳沢　翔太（23）

投（右右）小沢　哲士③　愛知日進西
捕（右左）坂本　銀河③　愛知南光
一（右右）内田　大雅②　神奈川太洋
二（右右）宇賀神光正②　栃木鹿沼北
三（右右）海老沢　蓮③　東京府中八
遊（右右）竹田　龍生③　千葉八木
左（右右）関　睦弥③　神奈川浜須賀
中（右左）大野　天③　神奈川大谷
◎右（右右）滝口　大生③　東京千川
（右右）角田　謙次③　神奈川城山
（右左）戸塚　太梧②　東京府中二
（右右）金田拳士郎②　千葉松戸三
（右左）小池　孝治②　埼玉秩父一
（右右）佐藤　椿起①　佐久長聖

佐久長聖

監督　藤原　弘介（45）

投（左左）梅野　峻介③　更北
捕（右右）横田　大智③　裾花
一（右右）土居　健太③　神奈川新田
◎二（右左）藤原　太郎③　奈良大瀬
三（右右）花村　昴哉③　大阪渋谷
遊（右左）野沢　佑太③　佐久長聖
左（右右）堀　恭輔③　伊那東部
中（右右）中野　翔斗③　群馬桂萱
右（左左）山田　大介③　三重二見
（右右）浅田　優生③　大阪成法
（右右）阿部　誓哉③　佐久穂
（右右）荒木　大樹③　兵庫大社
（右右）井田健太郎③　奈良天理南
（右右）伊藤　颯③　川上
（右右）今沢　心良③　東京第二大島
（右右）今西　駿太③　東京都市大付
（右右）岩堀　夢叶③　神奈川岡津
（左左）上原　葵③　浅間
（右左）大洞　直己③　千葉小金
（右左）奥山　健心③　裾花
（右右）上島　崇幹③　伊那東部
（右両）河崎　健③　兵庫星和台
（右右）川中子翔梧③　東京荏原一
（右左）北原　翔太③　佐久長聖
（右右）北村　大翔③　大阪成法
（左左）楠　悠磨③　埼玉大原
（右左）久保田颯吾③　鼎
（右右）熊谷　宗太③　阿南一
（右左）小金沢健心③　臼田
（右右）小林　星太③　浅間
（右左）小林　壮太③　三郷
（右右）小林　史輝③　佐久長聖
（右右）駒村　祐輝③　川中島
（左左）小山　慶③　佐久長聖
（右右）小山　蒼太③　中込
（右右）斉藤　俊亮③　埼玉南
（右右）塩沢　温真③　犀陵
（右右）白石　侑輝③　浅間
（左左）須田　雄大③　軽井沢
（右右）高見　駿介③　諏訪西
（右右）竹内　捷悟③　兵庫原田
（右右）立石　航大③　辰野
（右右）玉井　元③　岡谷西部
（右左）野溝　太雅③　伊那東部
（右右）羽毛田聖也③　佐久長聖
（右右）蛭田　魁人③　佐久長聖
（右右）古川　豪③　東京春江
（左左）丸山　竜太③　佐久長聖
（右右）森田　壮③　埼玉安松
（右左）安川　礼③　千葉高洲
（右右）中村　悠③　長野東部

野沢北

監督　篠原　俊介（42）

◎投（右右）中沢　友希③　芦原
捕（右右）駒村　春彦②　中込
一（右左）土屋　侑大③　臼田
二（右左）荻原　健輔③　軽井沢
三（右右）川上　怜央②　軽井沢
遊（右右）宮沢　笙馬③　小海
左（右右）高橋　嘉彦③　臼田
中（右右）柳沢　哉太③　中込
右（右右）宮下　恵喜②　臼田
（右右）笹沢　絢斗②　浅科
（右右）新井　開仁②　野沢
（右左）山田　愛斗②　臼田
（右右）堤　優志②　野沢
（右右）菊原　本安②　浅間
（右右）土屋　康大②　浅科
（右右）堀込　智哉②　浅間
（右右）杉村　響②　佐久東
（右右）黒岩　勇希②　軽井沢
（右右）南沢　春稀①　小諸東
（右右）磯貝　颯太①　中込

野沢南

監督　津金　重一（56）

投（右右）飯嶋　凜③　浅科
◎捕（右右）佐々木英慈③　野沢
一（右右）川井　俊輝①　望月
二（右右）三石　脩①　臼田
三（右右）赤尾　航太②　小諸東
遊（右右）山口　凜大①　小海
左（右右）大井　研斗③　浅間
中（右右）篠原　天馬①　臼田
右（左左）丸山　瑞希②　佐久穂
（左左）佐々木宏大③　佐久穂

蓼科・坂城

監督　中村　博之（32）

投（右右）湯本　真大③　戸倉上山田
捕（右右）田中孝太郎③　埴生
◎一（右左）佐藤　岳③　浅間
二（右右）藤塚　友綺②　東御東部
三（右右）高野　颯太②　小諸東
遊（右両）山口　匠②　上田三
左（左左）松沢　鳳輝②　青木
中（右右）岩下　湧人③　北御牧
右（左左）小林　謙太②　立科
（右右）高島　莉生①　北御牧
（右右）服部　拓海①　依田窪南部
（右右）三浦　希理①　上田三

篠ノ井

監督　深沢　綾則（47）

投（右右）糸田　隼輔③　広徳
捕（右右）桑原　広宝③　屋代
◎一（右右）近藤　揺成③　戸倉上山田
二（右右）高木　暖心②　屋代
三（右左）渋沢　尚央③　篠ノ井東
遊（右右）土屋　諒河③　広徳
左（右右）酒井　僚希③　松代
中（左左）宮沢　祐汰③　更埴西
右（右左）吉岡　　洋②　篠ノ井東
（右左）西沢　優希③　埴生
（右左）深石　侍彦③　松代
（右右）丸山　航世②　広徳
（右右）小林　皓紀②　若穂
（右右）青木　敢亮②　三陽
（右左）田牧　隼祐②　裾花
（右右）宮坂　幸杜②　埴生
（右右）浦野　青空①　川中島
（右右）権田　圭祐①　広徳
（右右）樽田裕之介①　松代
（右右）田中　海羅①　更埴西

丸子修学館

監督　中村　　仁（40）

投（右右）宮島　健希③　真田
◎捕（右右）田村　秀悟③　丸子
一（右右）村井　洸仁③　丸子
二（右左）富岡　真也②　丸子北
三（右右）加藤　朋貴②　依田窪南部
遊（右右）松沢　海利③　塩田
左（右右）保科　裕也③　北御牧
中（右右）竹花　　蓮③　望月
右（右右）深井　詩音③　丸子北
（左左）千野　泰紀②　坂城
（右右）相場　魁斗②　上田一
（右右）今井　一稀②　丸子
（右右）中原　駿斗②　依田窪南部
（右右）久保田亮嘉②　上田一
（右右）小林　守輝②　上田五
（右右）久田　陸斗②　上田二
（右右）笹野大次郎③　丸子
（右左）塩田　　樹②　丸子
（右右）室賀　梢太③　塩田
（右右）掛川　貴博①　塩田

下高井農林

監督　宮崎　　平（31）

投（右左）嘉部　竜一③　木島平
◎捕（右左）佐藤　亮太③　城南
一（右左）池田　大登③　野沢温泉
二（右右）滝沢　新史③　栄
三（右右）丸山　愛斗②　城北
遊（右右）藤原　永羽③　木島平
左（右右）宮崎　　輝③　野沢温泉
中（右右）松村　陸斗③　野沢温泉
右（右右）月岡虎太郎③　栄
（右右）山崎　　清②　城南
（右右）小林　萌希②　豊田
（右右）池田　　星③　城南

飯山

監督　吉池　拓弥（29）

投（右右）常田　唯斗③　城南
捕（右右）佐藤　留旗③　城南
一（右左）黒岩　　蓮③　長野北部
二（右右）塚田　　佳③　裾花
三（右右）長崎　良維③　飯綱
遊（右右）佐藤　元晴③　相森
左（左左）鈴木　輝俊③　城南
中（左左）馬場ひろと③　長野北部
◎右（右右）服部　夕吾③　城北
（左左）市川　椋太③　墨坂
（右右）栗原　貴希③　豊田
（右左）小林　　塁②　長野北部
（右右）村松　　賢③　木島平
（右右）坂本　日輝③　城南
（右右）田中　李樹③　高社
（右右）関　　壱星②　長野北部
（左左）丸山　大英②　長野東部
（左左）湯川　友明③　裾花
（右右）松沢　空良②　若穂
（右右）清水　桜介②　長野北部

須坂

監督　綿貫　義文（53）

投（右右）上原　琢翔③　高社
捕（右右）下田太生良②　南宮
◎一（右右）長沢　和樹③　相森
二（右右）堀　　恵輔③　相森
三（右右）大野　舜弥③　南宮
遊（右左）春原　向陽③　墨坂
左（右右）井浦幸太郎②　高山
中（右右）竹内　真輝③　南宮
右（右右）北沢　宏典③　犀陵
（左左）金丸　聡周②　南宮
（右右）小林　大悟②　小布施
（左左）井上　輝星②　豊野
（左左）山岸諒太郎②　常盤
（右右）塚田　爽太②　三陽
（右右）中山　泰希②　南宮
（右左）川内野大人①　飯綱
（右右）中平　貴雪①　南宮
（右右）藤沢　　順①　信大付長野
（右右）吉岡　正薫①　長野東部
（右右）島田　一世①　相森

更級農業

監督　鈴木　達也（44）

投（右右）利根川駿介③　篠ノ井西
◎捕（右右）高橋　彪斗③　三陽
一（右右）古沢　勝斗②　松代
二（右右）鈴木　彪汰③　戸倉上山田
三（右右）山崎　大地②　松代
遊（右右）大田垣飛翼②　広徳
左（右左）宮坂　　魁②　埴生
中（右左）小松　太陽③　埴生
右（右右）一由　知起②　裾花
（左左）黒河内洸己③　川中島
（右右）石坂　賢人②　更埴西
（右右）北村　郁也②　裾花
（左左）小山　琉斗②　広徳
（右左）高野　大翔②　篠ノ井西
（右右）日詰　桜太②　埴生
（左左）日向　絢哉②　戸倉上山田
（右右）宮入　瑠衣②　裾花
（右右）宮崎　将太②　篠ノ井西
（右右）渡辺伽那太②　七二会

中野立志館

監督　野沢　　等(55)

投(右右)関口　晴人③　南宮
捕(右右)小林　大亮③　南宮
一(右右)堀米　彪吾③　山ノ内
◎二(右右)三ツ井拓也③　南宮
三(右右)田中　雄喜③　山ノ内
遊(右右)久住　汰成③　長野東部
左(右右)中井　俊平③　南宮
中(右右)宮下　優雅②　常盤
右(右左)上野　詢平③　東北
(右右)月岡　智哉③　南宮
(左左)川辺　一太②　山ノ内
(右右)仲俣　　翔③　長野北部
(右右)小林　好晃③　中野平
(右右)中村　和也③　東北
(右右)高野　創盟③　高社
(左左)塩野谷奏汰③　南宮
(右右)田村　　翼②　山ノ内
(右右)丸山　大河②　南宮
(右左)田中　弥琴②　高社
(右右)町田　優介②　高社

須坂創成

監督　丸井多賀彦(60)

投(右右)上條　壮太③　相森
捕(右右)山小　桃汰③　常盤
一(右左)中島　優大②　若穂
◎二(右右)宮崎　壱成③　長野東部
三(右右)大島健太朗③　小布施
遊(右右)神林　頼己③　常盤
左(右右)山崎　雄慎③　高山
中(左左)小林　竜馬③　高社
右(右右)春原　啓志③　須坂東
(右右)和田　泰樹③　東北
(左左)黒岩　厚希②　墨坂
(右右)太田　倖平②　墨坂
(左左)土屋　魁斗③　高社
(右左)内山　立輝②　若穂
(右右)勝山　一希②　墨坂
(右右)鈴木　誠也②　墨坂
(右右)黒岩　　絋②　墨坂
(右右)塚田　大翔②　墨坂

長野

監督　武田　圭弘(28)

投(左左)佃　　和寿③　常盤
◎捕(右左)若林　享矢③　屋代
一(右右)吉沢　礼士③　裾花
二(右左)栗林　　翼③　広徳
三(右左)松浦　　空③　桜ケ岡
遊(右右)宮沢　豪太③　川中島
左(左左)山岸　大樹③　長野東部
中(右左)永井　隼輔③　川中島
右(右右)中村真之佑③　裾花
(右右)町田　泰輝③　犀陵
(右右)柳島　江樹③　広徳
(右右)三井　翔貴③　裾花
(右右)町田　達哉③　川中島
(右右)小山裕太郎②　更北
(右右)中村　渓介②　東北
(右左)伊藤　誓哉②　信大付長野
(右右)小山紋史朗②　広徳
(左左)小嶋　凌生②　東北
(右右)小沢　海斗②　信大付長野
(右右)中村　悠人②　相森

須坂東・北部

監督　高坂　　亨(28)

投(左左)滝沢　大志②　豊野
◎捕(右右)渡辺　礼都②　長野西部
一(右右)内田　瑚南③　長野北部
二(右右)丸山　周大②　相森
三(右右)佐藤　　優③　相森
遊(右右)宮崎　康平②　高山
左(右右)井上　　猛①　東北
中(右右)小林　恵達③　信濃
右(右左)池田　　智②　南宮
(右右)柄沢　慈英②　柳町

長野工業

監督　村山　雅俊(35)

投(左左)原　　爽太③　飯綱
捕(右右)桜井　斗吾③　篠ノ井東
一(左左)佐藤　洸太③　犀陵
二(右右)山岸　大騎③　桜ケ岡
三(右右)小山　将汰②　篠ノ井東
遊(右左)中田拓久斗③　信濃
◎左(右左)浅川　大地③　飯綱
中(右右)渡辺　幸大③　飯綱
右(右右)岡田　　怜③　白馬
(右右)竹下　寛大③　三陽
(右右)宮崎　玄基③　城南
(右右)大井　智博③　裾花
(右右)田中渉太郎②　豊田
(右右)宮本　蓮斗③　飯綱
(右右)矢口　尚哉②　若穂
(右左)豊城　哲平③　戸倉上山田
(右右)中村　隼也③　飯綱
(右右)小林　慎弥③　信濃
(右左)東村　直道③　長野北部
(右左)間曽　達揮②　東北

中野西

監督　木村　　徹(44)

投(左左)小林　遊紳③　南宮
◎捕(右右)浦野　慶介③　南宮
一(右右)竹内　　舜③　南宮
二(右右)竹前　佑哉③　墨坂
三(右右)町田　　健③　常盤
遊(右右)池田　環希③　桜ケ岡
左(右右)飯沼　亮太③　山ノ内
中(右右)湯本　洸大③　南宮
右(右左)安藤　大和③　中野平
(右左)山本　悠天③　高社
(右左)小林　高雅③　高社
(右右)鈴木　涼介③　南宮
(右右)小林　孟暉③　中野平
(右右)青木　聖斗②　山ノ内
(右右)永井　涼雅②　中野平
(右右)東谷　涼斗②　南宮
(右右)湯本　寛政②　高社
(右左)堀内　大雅②　墨坂
(左左)三ツ井奏人①　南宮
(右右)伊東　樹生①　南宮

長野日本大学

監督　佐野坂　均(45)

投(右右)栗木　将太③　犀陵
捕(右左)清水　宏貴③　犀陵
一(右右)青木　優斗③　墨坂
◎二(右左)西村優輝哉③　山ノ内
三(右右)井口　雄斗③　豊科南
遊(右左)丸山　和真③　坂城
左(右右)荒井　奎哉③　埴生
中(右左)高山　侑杜③　穂高東
右(右右)丸山慶一郎③　松代
(右右)山岸　亮太③　常盤

(右右)落合　快斗③　信濃
(左左)高野夢冴志③　篠ノ井西
(右右)太田　颯翼③　三陽
(右左)福水　智哉③　桜ケ岡
(右右)若林　俊汰③　柳町
(右右)浅沼　優樹③　三陽
(右左)山中　陸斗③　城南
(右右)宮沢　秀誠③　柳町
(右左)綿貫　巧也③　南宮
(右右)山崎　晴哉③　川中島
(右右)小河原玲音③　埴生
(右右)海沼　楽人③　岡谷北部

長野俊英

監督　戸谷　萌嵩(28)

◎投(右右)後藤　秀斗③　長野北部
捕(右右)倉沢　春昌②　埴生
一(右右)大久保　惺①　広徳
二(右右)藤井　瑛司③　上田四
三(右左)牧島　克洋③　長野東部
遊(右左)山口　大翔③　篠ノ井東
左(左左)荻原　凜大③　桜ケ岡
中(右右)榎木　亮太③　広徳
右(右右)蒔田　陸人③　篠ノ井東

(右左)久保　敦弥③　埴生
(右右)戸谷　紘基②　篠ノ井西
(右右)滝沢　勇人②　篠ノ井東
(左左)轟　拓弥②　墨坂
(右右)中川雄一朗①　上田一
(右右)宮崎　大樹①　篠ノ井西
(左左)町田　陽紀①　広徳
(右右)丸山　佳祐①　女鳥羽
(右右)小林　大晃①　上田四
(右右)横井　克紀①　篠ノ井東
(右右)柳沢　心①　東御東部

長野東

監督　小林　勝男(28)

投(右右)黒岩　一聖③　墨坂
捕(右右)牧野　翔③　東北
一(右右)中沢　唯斗③　相森
二(右右)高橋　勇道③　三陽
三(右右)尾居　翔真③　三陽
◎遊(右右)宮本　隼汰③　若穂
左(右左)太田　和摩③　犀陵
中(右右)渋沢　直人③　犀陵
右(右右)堀田　佳吾③　犀陵

(右右)村田　隼基③　三陽
(右右)入山　稜③　三陽
(右右)小幡慶次郎③　更北
(右右)今井　太雅③　若穂
(右右)石井　颯③　篠ノ井西
(右右)和田　知大③　豊野
(右右)坂口　慎弥③　三陽
(右右)田中叶志朗②　若穂
(右右)大山　星③　長野東部
(右右)原山　雄斗③　更北
(右右)小林　佳祐③　飯綱

長野商業

監督　池田　剛幸(50)

投(右右)丸山　雄大②　更北
捕(右右)石坂　陸人②　更北
一(右左)丸山　怜也③　中野平
二(右右)加藤　勇輝③　三陽
◎三(右右)青木　亮太③　裾花
遊(右右)矢島　遥樹③　裾花
左(右右)宮入　頼希③　山ノ内
中(左左)町田　紘季③　屋代
右(右左)堀内　俊弥③　長野東部

(右右)花岡諒太朗③　桜ケ岡
(右右)栗林　青哉②　相森
(右右)山口　竣亮③　長野北部
(右右)伊藤　暸②　篠ノ井西
(右左)小林慎之介③　川中島
(右右)堀　隼斗②　若穂
(右右)武田　太陽②　川中島
(右右)千原　楓汰③　若穂
(右右)和田　高陽③　長野西部
(右右)丸山　皓也③　中野平
(左左)野崎　匠③　屋代

長野南

監督　笠井　浩(56)

投(右右)松倉　拓海③　川中島
捕(右右)鳥羽　康平②　篠ノ井東
◎一(右右)小出　尊③　戸倉上山田
二(右右)武井　亮磨③　更埴西
三(右左)大屋　直輝③　広徳
遊(右右)斎藤　豪③　松代
左(右右)城本　洸樹③　松代

中(右左)上原　幸太③　埴生
右(右右)横島　悠貴③　屋代
(右左)寺尾　銀仁②　松代
(右右)金児　星摩②　篠ノ井西
(右右)千島　大嗣②　篠ノ井東
(右両)藤沢　琉②　更北
(右右)一柳　豪①　篠ノ井西
(右右)内山　岳音①　川中島
(右右)細井　陸生①　川中島

長野西

監督　大槻　寛(38)

◎投(右左)宮入　開智③　篠ノ井東
捕(右右)渋沢　佑斗②　篠ノ井西
一(右右)大島　一朗③　長野北部
二(右右)和田　英真③　中条
三(右左)永井　友翔③　川中島
遊(右左)久保田創太②　飯綱
左(右右)森下　颯哉③　信州新町
中(右右)高橋　亨介③　広徳
右(右右)伊藤　信峰③　信州新町

(右右)小山　尊久③　川中島
(左左)山下　佳③　篠ノ井西
(右右)駒込　皓大③　信州新町
(右右)塚田　郷③　飯綱
(右左)内山　颯斗②　広徳
(右右)市村　侑也②　川中島
(右右)渡辺　大誠②　川中島
(右右)西沢　英透②　東北
(右右)阿部　匡弥③　裾花
(右右)繁野　公平②　犀陵
(右右)和田　興明②　信濃

明科

監督　関島　資浩(48)

投(右右)吉田　起也②　塩尻西部
◎捕(右左)宮尾健太郎③　広陵
一(右左)塚原　虹太③　塩尻西部
二(右右)飯田　颯人②　聖南
三(右右)前田　竣一②　更北
遊(右右)関　祐弥②　明善
左(右右)多田羅莉玖③　塩尻西部
中(右右)須山　裕太③　塩尻西部
右(右右)宮崎　雄太②　更北
(右左)関川　卓磨①　聖南

長野吉田

監督　松田　一典(54)

投(左左)高橋　和月③　城南
捕(右右)矢沢　力③　長野北部
一(右右)和田　佳大③　柳町
◎二(右右)西沢　翔太③　更北
三(右右)永田晋一朗②　三陽
遊(右右)上林　剛騎③　長野東部
左(左左)武藤　孝太③　三陽
中(右右)北林　晃輝③　桜ケ岡
右(右左)植木　祐樹③　裾花
(右右)辻出　貫太③　戸倉上山田
(右左)大内　蒼也③　長野東部
(右右)五明　琉成②　裾花
(右右)神田　拓真②　長野北部
(右左)寺島　乙槻②　長野北部
(左左)奥村　陽太②　篠ノ井西
(右右)仁科　耀星②　篠ノ井西
(右右)宮下　拓武②　更北
(右右)山口　大樹②　長野北部
(右右)高嶋　要②　川中島
(右左)栗原　幸多③　更北

梓川

監督　山本　俊介(28)

投(右右)逸見　賢司③　梓川
捕(右右)竹田　翔貴②　鎌田
一(右右)山口　駿介①　鉢盛
二(右左)丸山　奨②　梓川
三(右右)高橋　梓③　鉢盛
遊(右右)倉谷　龍市③　波田
左(右右)神部　涼馬②　波田
◎中(右右)亀井　椋太③　鉢盛
右(右両)中山　恭輔②　三郷
(右右)山中　文太①　鉢盛
(右右)鹿川　堅守①　穂高東
(右右)佐藤　柚真①　清水

松代

監督　林　直樹(49)

投(右右)大平紳之助③　松代
◎捕(右右)山内　佑馬③　松代
一(右右)大塚　翔貴②　埴生
二(右左)武井　嶺侍②　更埴西
三(右右)春原　朋希③　松代
遊(右右)宮沢　直泰③　更北
左(右右)飯島　大輝②　埴生
中(右右)小木曽冬弥③　更北
右(右左)小伊藤　駿③　篠ノ井東
(右右)須田　洸太②　松代
(右右)小池　竜輝①　坂城
(右右)柳沢　佑星①　松代
(右右)磯田　悠太①　松代
(右右)久保　勇汰①　犀陵
(右右)山崎　莉王①　犀陵
(右右)栗原　太陽①　犀陵
(右右)稲葉　華威①　松代
(左左)滝沢　晴琉①　松代
(右右)高橋　洸①　広徳
(右右)伊藤　航①　松代

池田工業

監督　菊池　吉真(42)

投(右右)千国　颯哉③　小谷
捕(右左)松倉　星斗③　信明
一(右右)斎藤　毅人③　会田
二(右左)坂井　響介③　穂高西
◎三(右右)小林　悠吾③　仁科台
遊(右左)滝沢　駿③　女鳥羽
左(右右)山崎　春樹③　仁科台
中(右右)降籏心太郎③　会田
右(右右)荻原　史樹③　穂高西
(右右)滝川　青③　大町一
(右右)須沢　捷馬③　高瀬
(右右)丸山　塁②　菅野
(右右)腰山　亮②　仁科台
(右右)太田　明宏②　旭町
(右右)北沢　秀俊①　大町一
(右右)白沢　賢征①　北安曇松川
(右右)春日　亮輝①　仁科台
(右右)太田　翔太①　仁科台
(右右)阿部　空希①　穂高西
(右右)甲斐沢　秀①　北安曇松川

屋代

監督　遠山　竜太(31)

投(右左)永原　拓実③　長野北部
◎捕(右左)武田　隆斗③　高社
一(右右)塚原　涼月③　筑北
二(右右)井口　琉聖②　埴生
三(右左)小林　楓③　篠ノ井西
遊(右右)宮尾　俊祐③　屋代
左(右左)宮沢　龍生③　坂城
中(右右)県　雄斗③　屋代
右(右右)吉田　蓮③　屋代
(右右)松原　寿樹②　埴生
(右右)牛越　祥太②　屋代
(右右)池尻　陽太②　篠ノ井東
(右右)小林　偉月①　篠ノ井西
(右左)牧野恵太郎②　屋代
(右右)寺沢　優佑②　更埴西
(右右)山口　創也①　更埴西
(右右)鎌田　翔太②　屋代
(左左)蚊野　匠①　広徳
(左左)野中　悠介①　川中島
(右右)坂本　紘之①　篠ノ井西

田川

監督　赤羽　　憲(53)

投(右右)菊島　星龍③　広陵
◎捕(右右)高木　颯吾③　波田
一(右右)奈良井　蒼③　塩尻西部
二(右左)中野　拓海③　波田
三(右左)白木　　凌③　筑摩野
遊(右右)斉藤　奏斗③　筑摩野
左(右右)山口　佑介③　信明
中(右左)高橋　駿太③　広陵
右(右右)小口　　巧③　開成
(左左)中山　直也③　広陵
(右右)北村　亮太③　鉢盛
(左左)大野　透騎③　広陵
(右右)塩原　彰太②　広陵
(右右)桑原　京介②　広陵
(右右)吉沢　　快②　広陵
(右右)降籏　大誓②　開成
(右右)吉江　　皐②　塩尻
(右右)北原　楓希②　丘
(右右)小林空太郎②　両小野
(右右)粟津原晴也①　鉢盛

大町岳陽

監督　中沢　秀人(55)

投(右右)丸山　康成③　穂高東
捕(右左)岩下　颯汰③　北安曇松川
一(右右)西沢　朋哉②　仁科台
二(右右)堀　　綾佑③　仁科台
三(右右)井口　旭陽③　高瀬
遊(右右)三枝　将也③　穂高東
◎左(左左)伊藤慎一郎③　大町一
中(右右)中山　幸蔵②　高瀬
右(右右)吉原　千陽②　穂高東
(右右)堀　　俊介②　仁科台
(右右)内山　温斗②　高瀬
(右左)須沢　鳳介②　仁科台
(右右)伊藤　遼二①　大町一
(右右)横川　拓哉①　白馬
(右右)小林　優斗①　大町一
(左左)坂井　翔紀①　高瀬
(右右)新津航太郎①　大町一
(右右)深沢　一生①　堀金
(右右)本堂　　巧①　大町一
(右左)山岸　颯斗①　堀金

東京都市大学塩尻

監督　長島　由典(41)

投(右左)成田　昇司③　塩尻西部
捕(右右)小俣　豪輝③　神奈川高津
一(右右)飯田　　前③　神奈川秦野南
二(右左)紅林　大斗③　塩尻
◎三(右右)塩原　嵩大③　広陵
遊(右左)宝　　一翔③　南箕輪
左(右右)熊井　　新③　両小野
中(右右)大沢　拓人③　山辺
右(左左)小山　颯斗③　広陵
(右右)武居　侑汰③　塩尻
(右右)城倉　莉空③　辰野
(右右)向山　玲央③　箕輪
(右右)花村　達也③　丘
(右右)北沢　海輝③　諏訪西
(右右)北松　豪太③　塩尻
(右左)井原　　結③　下條
(右左)柿沢　颯汰③　茅野東部
(左左)降幡　琉士③　北安曇松川
(右右)清水　昭吾③　上諏訪
(右左)萩野　　輝③　高綱
(右右)神戸　雅広③　塩尻西部

木曽青峰

監督　森　　大樹(30)

投(右右)浜　　瑠樹③　木曽町
捕(右右)寺平　成吾③　木祖
一(右右)青木　俊尚③　南木曽
二(右右)松原　彦馬③　日義
三(右右)長谷川悠真③　日義
遊(右左)奈良　駿介②　上松
左(右右)徳原　勝次②　上松
中(右右)高橋　良太③　筑摩野
◎右(左左)鈴村　洋大③　木曽町
(左左)神田　凌星③　箕輪
(左左)水野隼之介③　大桑
(右右)吉村　颯真②　上松
(右右)森田　崇敬③　木曽町
(右右)古畑　太聖②　木曽町
(右右)相馬　拓実③　木曽町
(左左)加藤　祥次②　上松

日本ウェルネス長野

監督　中原　英孝(75)

◎投(右右)織原啓太郎③　筑摩野
捕(右右)兼子　海寿③　伊那東部
一(右右)関　　梧岐③　群馬富岡南
二(右右)徳橋　竜馬③　愛知春木
三(右右)佐藤優之介③　更埴西
遊(右右)浅沼　春輝②　南宮
左(右右)関川　峻司③　聖南
中(右右)モリス イマニ③　穂高西
右(右左)四宮　大志③　神奈川神田
(左左)山中　省吾③　鉢盛
(右右)山口　怜音③　新潟大潟町
(右右)荻原　諒人②　御代田
(右右)奥野　　陸③　松代
(右右)藤田　晃輝③　愛知幡山
(右右)山上　　暁②　喬木
(右右)渋谷　桂吾③　阿智
(右右)佐藤　荒汰③　神奈川霧が丘学園
(右右)吉沢　拓人②　野沢
(右右)鈴木　祥平②　愛知千秋
(右左)小林堅志郎③　佐久東

塩尻志学館

監督　横川　　誠(32)

投(右右)中山　透弥③　塩尻西部
捕(右右)村井　信慶②　塩尻
一(右右)百瀬　光希②　塩尻
二(右右)石橋　　友②　塩尻
三(右左)荒井　天晴③　広陵
遊(右右)米山　裕介③　両小野
左(右右)宇治　涼汰③　両小野
◎中(右右)仲田　　蓮③　塩尻西部
右(両両)降籏　　豪③　明善
(右右)村上　隼弥②　塩尻
(右右)深沢　駿介③　波田
(右左)北川孝之佑③　菅野
(右右)寺平　藍斗②　木祖
(右右)味沢奎太朗③　両小野
(右右)赤羽　祐人③　信明
(右右)玉城　拓叶②　塩尻西部
(右右)谷頭功太郎③　波田
(左左)岩原　　暖②　木祖
(右左)青柳良太郎③　開成
(右右)山口　純平②　明善

松本蟻ヶ崎

監督　市川　優一(38)

◎投(右左)菅谷　空③　開成
捕(右左)有田　諒芽②　丘
一(右右)松原　弘和③　鉢盛
二(右右)福迫　歩輝③　女鳥羽
三(右右)青木　悠高②　明科
遊(右右)畔田　隼③　豊科北
左(右左)中村　颯斗③　豊科北
中(左左)西沢　雄登③　塩尻
右(左左)永森　玲音③　松島
(右右)丸山　開誠②　女鳥羽
(右右)丸山　望史②　堀金
(右右)内沢　洸太②　開成
(右左)山浦　徹弥②　松島
(右左)小口　遼馬②　広陵
(右右)吉村　成矢②　開成
(右左)米山　慶②　両小野
(右右)菅谷　嶺①　開成
(右右)長田　悠仁①　清水
(右右)林　威吹①　開成

豊科・穂高商業

監督　小原　国幸(40)

投(右右)竹内　伶至③　堀金
捕(右右)滝沢　雅也③　高瀬
一(右左)根本　樹③　穂高東
二(右左)林　翔真③　松島
三(右左)丸山　拓哉③　豊科北
◎遊(右右)稲葉　大輝③　三郷
左(右右)猪股　海斗②　三郷
中(右右)相内　陸渡②　堀金
右(右右)平林　佑基③　高瀬
(右右)関　颯斗②　仁科台
(右右)鳥羽　晃市①　三郷
(右右)岡部　好機①　北安曇松川
(右右)石川　寛人①　豊科北
(右右)小嶋　永①　豊科北
(右右)波多野璃空①　豊科南

松本工業

監督　柳瀬　元(30)

投(右右)須沢　大心③　穂高西
◎捕(右左)田倉　尚磨③　高瀬
一(右右)岡本　翔馬③　山辺
二(右右)百瀬　翔太③　菅野
三(右左)徳武　優作③　明科
遊(右右)浅沢　太一③　松島
左(左左)岩垂　広也③　菅野
中(右右)百瀬　翔弥②　松島
右(右右)猪瀬奈央貴③　開成
(左左)百瀬　圭太②　丘
(右右)赤羽　信平③　女鳥羽
(右右)野村　知己②　波田
(右右)宮沢　陽③　豊科南
(右右)宮田　義紀②　清水
(右右)坪田健太朗②　会田
(右右)那須野琉之介②　旭町
(右右)津田　希未③　旭町
(右右)小林　真也③　波田
(右右)常田　朝啓②　旭町
(左左)深沢　泉寿②　清水

松商学園

監督　足立　修(56)

投(右右)長野　健大③　大阪長尾西
捕(右右)依田　基暉③　芦原
一(右右)辻　大輝③　更北
◎二(右右)田所　徹③　筑摩野
三(右右)夜久　舜介③　大阪南八下
遊(右右)高崎　開③　静岡浜松西部
左(右右)保田　喜信③　新潟山の下
中(左左)二村　兼登③　旭町
右(右左)菱田　万尋③　長峰
(右右)青柳　周吾③　塩尻
(右右)竹節　春希③　山ノ内
(右右)今村　太郎③　鎌田
(右右)長岩　和希③　豊科北
(右右)肥後　正優③　東京晴海
(左左)塚田　朝陽③　更北
(右右)赤羽　陽多③　開成
(右右)岩田　大空③　屋代
(右右)宮沢　航太③　明科
(右右)浜　央飛③　岡谷東部
(右右)原　歩夢③　塩田
(右右)竹内蓮太朗③　裾花
(右右)柳原　世那③　裾花
(右左)竹内　公希③　会田
(右左)笹川　拡夢③　鉢盛
(右右)大沢　泰紀③　筑摩野
(右右)小山　直人③　三郷
(右左)梨本　勝斗③　丘
(右左)坂本　大星③　栃木石橋
(右左)妻鳥　楽灯③　愛媛三島西
(右右)田中　秀和③　大阪住吉
(右右)金井　駿③　松島
(右右)鹿ノ戸幹生③　梓川

松本国際

監督　森田　一弘(51)

投(右右)永田　力也③　大阪梶
捕(右右)山田　隼翔③　筑摩野
一(左左)土田　龍信③　筑摩野
二(右左)植松　大揮③　富士見
三(右右)石坂　将哉③　開成
遊(右左)金子　虎牙③　波田
◎左(右右)上條　知哉③　塩尻
中(右左)中沢　大輝③　高綱
右(右右)中嶋　遥人③　岐阜川島
(右右)玉置　真都③　和歌山西浜
(右右)金成　星矢③　原
(右右)梅本　真尋③　岐阜上矢作
(右左)白川　昂樹③　山梨甲西
(右右)山下　颯太③　岐阜藍川
(右右)杉浦　悠斗③　愛知東星
(右右)神農　英大③　大阪東陽
(右右)伊藤　真③　阿南一
(左左)森本　大翔②　旭ケ丘
(右左)藤井　翔湧②　新潟雄志
(右右)中沢　善②　京都近衛

松本県ヶ丘

監督　宮沢　修(56)

投(右左)堀内　渓汰③　豊科北
捕(右右)高山　遼大②　鎌田
一(右右)三好　勇輝②　明科
◎二(右左)古田　丈流③　両小野
三(右右)塚田　智也③　堀金
遊(右右)山田　淳平③　堀金
左(右右)柳原　慧也②　大町一
中(右左)県　知宏③　北安曇松川
右(左左)山口　崚吾②　高綱
(右右)小久保優作②　穂高西
(右右)青木　陸哉②　丘
(右右)水野谷知輝②　信明

南安曇農業

監督　北沢　信一(43)

投(右右)熊井　　秀③　穂高東
捕(右右)村松　和幸③　三郷
一(右右)川上　悠空②　高瀬
二(右右)保科　　慧②　穂高東
三(右右)丸山　伊織③　堀金
◎遊(右右)山田　深緑③　堀金
左(右右)緒方　紫音②　波田
中(右右)岩本　彰真③　三郷
右(右右)大坂　　壮③　三郷
(右右)小沢　　響②　菅野
(右右)徳武　斗哉②　堀金
(右右)三沢　祐希②　高瀬
(右右)及川　拓夢②　穂高東
(右右)平林　大楠②　松島
(右右)竹村　柾人①　旭町
(右右)丸山　成哉①　豊科南
(右右)モリス レイドン①　穂高西
(右右)山田　采蔵①　豊科南

松本第一

監督　田中　健太(27)

投(右右)塩原　諒弥③　清水
捕(右右)大沢　　結③　下伊那松川
一(右左)大沢　竜也③　下伊那松川
二(右左)久保田智也②　北安曇松川
三(右左)伊東　悠太③　伊那
◎遊(右右)河野　純也③　松島
左(右右)市脇　太陽③　広陵
中(右右)渡辺　悠貴③　信明
右(左左)百瀬　涼真③　波田
(右右)花岡　悠太③　岡谷東部
(右右)降旗　淳史②　三郷
(右右)茅野　凌河②　岡谷東部
(右右)高橋　来綺③　下諏訪社
(右右)石井　優賀③　豊科北
(右右)祢津　龍司③　清水
(右右)浜島　周蓮①　旭ケ丘
(右左)永森　　将②　丸ノ内
(左左)小山　大稀②　鉢盛
(右右)降旗　淳也③　会田
(左左)河野　拓巳③　赤穂

赤穂

監督　原　　　登(54)

投(右右)酒井　悠吾③　箕輪
捕(右右)滝沢　純凪③　駒ケ根東
◎一(右右)北村　圭吾③　春富
二(右左)伊藤　耕大③　春富
三(右左)坂井　広大②　駒ケ根東
遊(右右)福沢　慧太③　南箕輪
左(右右)松尾　哲汰②　宮田
中(右右)鈴木　遼雅③　春富
右(右右)伊藤　伶王③　西箕輪
(右右)木下　元佑②　赤穂
(右右)埋橋　航大②　春富
(右右)小玉　稜太②　南箕輪
(左左)湯沢幸太郎②　中川
(右左)大野　雄飛②　赤穂
(右右)伊藤　晴太②　春富
(右左)大野　遥翔②　赤穂
(右右)馬場田唯飛②　中川

松本深志

監督　清水　雄一(42)

投(右右)林　　礁椰③　北安曇松川
捕(右左)深沢　紀之③　波田
一(右左)大平　晃生③　旭町
二(右左)白橋　佑悟②　仁科台
◎三(右左)早川　彪馬③　岡谷北部
遊(右右)小山　翔平③　開成
左(右右)桜井　陽大③　塩尻
中(右左)山崎　雷馬③　諏訪南
右(右右)川北　紘史③　穂高西
(右右)高橋　　太③　旭町
(右右)松田　康平②　北安曇松川
(右左)逸見　元紀②　梓川
(右右)竹村　飛呂②　茅野東部
(右右)宮原　颯太②　梓川
(右右)上條　陸斗③　鎌田
(右右)大沢　広青②　高瀬
(右右)田中　泰生③　清水
(左左)尾台　泰地②　菅野
(右右)菱沼　草歩②　信大付松本
(右右)山口　優輝②　梓川

阿智

監督　丸山　智大(27)

◎投(右右)北沢　翔天③　阿智
捕(右右)久保田東斗②　旭ケ丘
一(左左)原　　祥大③　阿智
二(右右)鈴木　瑛心②　旭ケ丘
三(右右)中島　晟雅②　旭ケ丘
遊(右右)原　　圭汰②　鼎
左(右右)田口　佳拓③　飯田西
中(右右)桜井　柊也②　高陵
右(右右)二茅　龍生②　鼎
(右両)美濃部康希①　阿智
(左左)村沢　拓真①　鼎
(右右)山崎　　嵐①　旭ケ丘
(右右)中島　星飛①　旭ケ丘
(右右)宮下　叶夢②　高森
(右左)松下　　照①　緑ケ丘
(右右)中島　光聖①　高陵
(右右)牛山　友晴②　旭ケ丘
(右左)滝沢　剛人①　旭ケ丘
(右両)熊谷　光起②　阿智
(右左)桜井　勇大①　阿智

松本美須々ケ丘

監督　両角　純平(35)

投(右右)丸山亮太郎③　旭町
捕(右右)吉田　瑛登②　清水
◎一(左左)原　　圭佑③　梓川
二(右右)宮瀬　颯人②　豊科南
三(右右)古畑　陽平③　塩尻西部
遊(右左)太田　創士②　白馬
左(右左)高島侃太郎②　松島
中(右右)小松　祐太③　丘
右(左左)水谷　真智③　波田
(右右)唐沢　築史②　堀金
(右右)月岡　晴斗②　楢川
(右右)山崎　隆史①　聖南
(右右)前川輝一郎①　女鳥羽
(右右)飯島　　祐②　穂高東
(右右)南沢　和歩②　穂高東
(右右)中林　大樹①　鎌田
(右右)西沢　愛桐②　聖南
(左左)田中　賢太①　清水
(右右)小池　俊輔①　塩尻西部
(右右)関川　星登①　聖南

伊那北

監督　田中　学歩(35)

投(右右)細田　寛太③　伊那東部
捕(右右)伊藤蒼一郎②　春富
◎一(右右)小池　大輝③　伊那
二(右右)井上　雅也②　伊那東部
三(右左)唐沢　大也③　伊那東部
遊(右右)小池　大珠②　箕輪
左(右右)武村　　海③　箕輪
中(右右)県　　俊平③　宮田
右(右左)翁　　凜希②　箕輪
(右左)筒井　優清③　両小野
(右右)松崎　陽人②　駒ケ根東
(右左)米山　開都②　中川
(右左)三沢　蒼大②　伊那東部
(右右)中原　大輝②　赤穂
(右右)三沢　丈始②　伊那東部
(右右)増田　真也②　宮田
(右左)岩崎　有真②　赤穂
(右右)大野　佳祐①　伊那東部
(右左)小松　佑匡①　伊那東部
(右右)中島　正太①　伊那東部

飯田

監督　下島　章裕(57)

投(右右)小川　陽翔③　飯田東
◎捕(右右)西川　　潤③　飯田東
一(左左)近藤　竜馬③　鼎
二(右右)篠田　雅貴③　鼎
三(右左)福沢広一郎③　緑ケ丘
遊(右左)木下　瑛介③　飯田東
左(右右)大原　紀智③　竜峡
中(右右)押田　盛治③　旭ケ丘
右(右右)緒方　　歩③　飯田東
(右右)久保田康介③　飯田東
(右右)坪井　和輝②　高森
(右右)塩沢　　望②　飯田西
(左左)力石　淳平②　竜峡
(右右)西尾　公佑②　緑ケ丘
(右右)蟹沢　龍弥③　伊那東部
(右右)松田　龍哉③　竜峡
(右左)竹村　　牧②　緑ケ丘
(右右)宮下　智貴②　飯田西
(左左)花井　啓人②　鼎
(右右)平栗　優翔②　鼎

伊那弥生ヶ丘

監督　柿沢　章浩(42)

投(右左)橋爪　　悠③　伊那東部
捕(右左)有賀　渓粋②　西箕輪
一(右右)池田　裕大②　春富
二(右右)宮嶋　翔瑛②　春富
三(右左)中島　秀太②　春富
遊(右右)伊藤　駿作③　伊那東部
左(右左)久保田智哉③　飯島
◎中(右左)伊藤　大我③　伊那東部
右(右右)宮原　裕也③　伊那東部
(右右)保科　裕真③　伊那
(右右)小岩井諒平②　伊那東部
(右左)伊沢　聖司②　西箕輪
(右右)篠田　真輝②　伊那東部
(右右)穂苅　　優①　辰野
(左左)小松　　周①　伊那東部
(右右)下島　基雅①　伊那東部
(右右)松島　渉輝①　赤穂
(左左)樋屋　遥人①　赤穂
(右右)山本　琉生①　赤穂
(右右)畠山　大洋①　南箕輪

飯田OIDE長姫

監督　井口　雄弥(32)

投(右右)松下　　秀②　泰阜
◎捕(右右)原　　伊吹③　阿智
一(右右)榑沼　大希②　喬木
二(右右)熊谷　雄大②　竜峡
三(右左)松村　快聖②　旭ケ丘
◎遊(右右)久保田渚生③　下條
左(右左)田中　琉聖③　緑ケ丘
中(右左)日野　　潮②　飯田西
右(右右)鋤柄　太祐②　高陵
(右右)原　晟太郎③　緑ケ丘
(右右)宮沢　恒輝③　中川
(右右)相原　祐也②　阿南一
(右右)大島惟央汰②　喬木
(右右)岡田　颯叶②　下伊那松川
(右左)宮沢　快成②　下伊那松川
(右右)松沢　幸作③　竜峡
(右左)河原　晴人②　喬木
(右右)熊谷　俊吾②　下條
(右右)田巻　太陽①　飯田東
(右右)原　　汰地①　阿智

岡谷工業

監督　両角　亮介(66)

投(右右)高見　佳貴③　長峰
◎捕(右右)桜本　龍馬③　富士見
一(右左)石川　拓実③　原
二(右右)堀井　涼平③　下諏訪社
三(右左)臼井　基紀③　岡谷西部
遊(右左)中村　和輝③　南箕輪
左(右右)泉　　颯斗③　岡谷東部
中(右左)久保田龍哉③　長峰
右(右左)稲生　秀成②　南箕輪
(右右)松田　教希②　茅野北部
(右右)千村　　琉②　岡谷西部
(右左)野口　利樹②　茅野北部
(右右)五味　光也②　茅野東部
(右右)小口　和人②　岡谷東部
(右左)小林　　和②　岡谷東部
(右右)伝田　拓巳②　茅野北部
(右左)小口　慶太②　岡谷南部
(右右)小坂　翔也②　岡谷南部
(右右)深萱　誠基②　上諏訪
(右右)福井　涼太②　下諏訪社

飯田風越

監督　小椋　柳太(40)

投(右左)山内　空太③　中川
捕(右右)早出　　廉③　高陵
一(右右)石原　琉星③　高森
二(右右)福沢　和也③　鼎
三(右右)信末　幸輝③　旭ケ丘
遊(右左)村瀬　航介③　旭ケ丘
左(右右)宮下　泰稀②　緑ケ丘
◎中(左左)山上　蒼矢③　喬木
右(右左)片桐　夢真③　高森
(左左)壬生　智也③　喬木
(右右)宮脇　直人③　高陵
(右右)近藤　優輝②　鼎
(右左)木村　柊太②　喬木
(右左)青嶋　　駿②　緑ケ丘
(右左)西村　拓朗①　喬木
(右右)寺沢　快晟②　高森
(右右)岩下　謙伸②　緑ケ丘
(右右)塩沢　　颯②　緑ケ丘
(右右)吉沢　駿佑②　高陵
(右右)渋谷　央誠①　阿智

駒ヶ根工業

監督　甕　　力(42)

投(右右)伊藤　輝哉③　飯島
捕(右右)三島　　颯③　赤穂
一(右左)宮下　浩輔②　飯島
◎二(右左)竹沢　怜生③　赤穂
三(右左)小林　剛琉②　赤穂
遊(右右)高橋　　希②　宮田
左(右右)有賀　竣大②　駒ケ根東
中(右右)小林　優也③　南箕輪
右(右右)金指　涼夏②　赤穂
(左左)岡庭　　力②　駒ケ根東
(左左)渡辺　泰成①　赤穂
(右右)伊藤　虎輝①　飯島
(右右)百瀬　歩尚①　宮田
(右左)三浦　青空②　飯島
(右右)阿部　大駕①　宮田
(右右)水上　皓偉①　宮田
(右右)馬場　真門②　駒ケ根東
(右左)下平新之介①　駒ケ根東
(右右)鈴木　陽斗①　西箕輪
(右右)竹沢　獅恩①　赤穂

岡谷東・諏訪実業・箕輪進修・阿南

監督　田中　洋生(50)

投(右左)宮沢　星凪③　諏訪南
捕(右右)萩田　栄司③　諏訪
一(右右)秦　　駿介③　諏訪南
二(右右)笠原　遼哉②　塩尻
◎三(右右)須藤　慎矢③　諏訪南
遊(右右)伊藤　翔龍③　西箕輪
左(右右)下平　尚希③　下條
中(左左)青木　　響③　岡谷南部
右(右右)矢島　采樹②　両小野
(右右)後藤　飛鳥②　緑ケ丘
(右右)上垣　　巧②　泰阜
(左左)牧内　勇樹②　緑ケ丘
(右右)上園　零翔②　茅野北部
(右右)大橋　由都②　諏訪西
(右右)安藤　優希②　箕輪
(右右)竹内　蒼真①　岡谷北部
(右右)金子　　響①　上諏訪
(右右)新保　恭平①　茅野北部
(右右)酒井　龍大①　伊那東部
(右右)藤森　海斗①　箕輪

下伊那農業

監督　松島　　晃(61)

投(右右)小木曽柊真③　旭ケ丘
捕(右右)沢柳　晴輝③　竜峡
一(右右)中島友生光③　竜峡
二(右右)松下　典道③　緑ケ丘
三(右右)原田　大聖③　竜峡
◎遊(右右)近藤慎之介③　飯田東
左(左左)林　　雄大③　緑ケ丘
中(右右)山田　直輝③　鼎
右(右右)鎌倉　純夢③　緑ケ丘
(右右)塩沢　豪琉③　緑ケ丘
(右右)筒井　　慶②　鼎
(右左)上松　真拓②　竜峡
(右左)英　　悠斗③　旭ケ丘
(右左)岩下　良平②　竜峡
(右右)代田　　樹②　下條
(右右)北林　甲斐②　下伊那松川
(右左)勝野　颯太②　阿南一
(右右)大原　拓真①　竜峡
(右右)中谷　駿佑①　旭ケ丘
(右左)林　　暢晃①　旭ケ丘

岡谷南

監督　倉坪　知之(49)

投(右左)山岸　洸太③　岡谷西部
捕(右左)小松　優介③　岡谷東部
一(左左)荻原　真純③　岡谷南部
二(右左)中沢　秀太③　諏訪西
三(右右)金子　歩生③　諏訪西
◎遊(右左)篠原　健吾③　茅野東部
左(左左)五味　大晴③　岡谷北部
中(右右)島津　智仁③　岡谷北部
右(右左)田中　優斗③　辰野
(右右)依田康太郎③　塩尻
(右右)川村　康騎③　箕輪
(右左)今村　修悟③　永明
(右左)佐藤　拓未③　下諏訪社
(右右)花岡　孝祐③　岡谷南部
(左左)星野　光太②　岡谷東部
(左左)増沢　孝介②　長峰
(右右)矢島　魁人②　長峰
(右右)高橋　　佳②　岡谷東部
(右左)花岡　典真②　岡谷南部
(右右)古野　道郎②　広陵

下諏訪向陽

監督　海沼　博義(52)

投(右右)原田　勝基③　茅野東部
◎捕(右左)松田　航翔③　茅野北部
一(右右)河西　雅人③　下諏訪社
二(右左)酒井浩二郎③　諏訪西
三(右右)藤沢　　翼③　長峰
遊(右右)宮下　　伯③　茅野北部
左(右右)遠藤　大也③　永明
中(右右)日野　　琳③　諏訪
右(右右)花岡　秀真③　岡谷南部
(左左)日野原　賢③　諏訪
(右右)征矢　誠賢②　南箕輪
(右右)山田　英幸②　茅野東部
(右右)原田　共時③　長峰
(右左)下村　勇太③　諏訪西
(右右)岩波　舞希②　永明
(右左)宇野　慎翔②　茅野東部
(右右)滝沢　駿介③　岡谷北部
(右右)萩原　啓太③　諏訪西
(右左)山崎　巧斗③　岡谷北部
(右左)吉江　光駿③　塩尻

上伊那農業

監督　伊藤　公一(59)

投(左左)佐藤　魁徒③　南箕輪
◎捕(右右)渡辺　士雄③　春富
一(右左)山崎　大介③　箕輪
二(右右)三沢　篤史③　伊那東部
三(右右)野々田和真③　高遠
遊(右右)向山　幸輝③　箕輪
左(右左)那須野　威②　伊那東部
中(右右)矢野　結大③　辰野
右(右右)溝上　　慎②　西箕輪
(右右)唐沢　晃太③　南箕輪
(右右)小出　凱也②　駒ケ根東
(右右)大島　伊織②　赤穂
(右右)唐沢　健太②　箕輪
(右右)根橋　大翔②　箕輪
(右右)竹之内智也③　伊那東部
(右左)北沢　拓泉②　赤穂
(右右)小島　尚樹③　高遠
(右右)中村宗一郎③　伊那東部
(右両)宮下　光誠③　伊那東部
(右右)赤羽　健太②　辰野

辰野

監督　池邨　光平(29)

投(右右)小松　藍斗②　辰野
捕(右右)中谷　竜弥②　広陵
一(右右)高木　　晄①　岡谷南部
二(右右)荻野　和輝③　辰野
三(右右)登内　朝陽②　伊那東部
◎遊(右右)小坂　竜雅③　岡谷南部
左(右右)畑　輝良斗③　両小野
中(左左)伯耆原　陸③　箕輪
右(右右)小坂　康馬①　岡谷南部
(右左)久保田陽也②　赤穂
(右左)林　　都綺①　辰野
(右右)南原　海斗①　塩尻西部

茅野

監督　来栖　昌和(33)

◎投(右右)小口　太結③　岡谷北部
捕(右右)森田　楓弥③　長峰
一(右右)小川　星夜②　永明
二(右右)藤原　瑠士①　茅野東部
三(右右)清水　陸翔③　上諏訪
遊(右右)土橋　拓海③　岡谷東部
左(右右)清水　蒼也②　茅野東部
中(右右)土橋　優海②　岡谷東部
右(右右)奥山　雄生②　茅野東部
(左左)山崎　光城①　茅野東部

東海大学付属諏訪

監督　藤井　浩二(48)

(右左)有賀　啓吾③　諏訪南
(左左)有賀　達彦③　西箕輪
(右右)池田　泰輝③　南箕輪
(右右)今井　悠成③　岡谷南部
(右右)今井　来夢③　茅野東部
(右右)大沢　倖輝③　下伊那松川
(右右)大塚　寧陽③　北御牧
(右右)小口　庸介③　岡谷北部
(右左)加藤　隼冬③　丘
(左左)菅　　大輔③　滋賀城山
(右右)北原　翔大③　伊那
(右左)北村　　彪③　神奈川東海大相模
(右左)熊谷　陽光③　岡谷東部
(右右)黒沢　駿太③　長峰
(右右)小池　遥介③　長峰
◎(右右)小甲　大貴③　埼玉新座四
(右右)小林　文哉③　飯島
(右左)小淵　颯太③　大阪佃
(右右)小松　優斗③　茅野東部
(右右)後藤信之介③　天龍
(右左)佐藤　悠人③　東京三鷹四
(右右)塩沢　明斗③　赤穂
(左左)関　　虹亜③　城南
(右右)鳥山　翔平③　埼玉桶川
(右右)新村　東彩③　岡谷東部
(右右)林　　成龍③　大阪城東
(右左)原田　海透③　神奈川鴨宮
(右右)平野　瑛暉③　大阪豊中十
(右右)星合　優哉③　東御東部
(右右)本城　立賀③　諏訪
(右右)前島　康佑③　富士見
(右右)増沢　成泉③　諏訪南
(右右)松下　幸矢③　茅野東部
(右左)丸山　　樹③　永明
(右左)宮下　史也③　岡谷北部
(右右)柳平　優大③　茅野北部
(右右)横沢　　駿③　赤穂
(右右)米山　　力③　神奈川北陽

諏訪清陵

監督　五味　稔之(49)

投(右右)斉藤　　慧③　永明
捕(右右)山内　翔太②　諏訪
◎一(右右)雨宮　陸斗③　富士見
二(右右)梨本　陸央②　永明
三(右左)河西　蒼惟②　諏訪
遊(右右)五味　大樹③　永明
左(右右)原　翔之助③　諏訪南
中(右左)河西　　丈②　下諏訪
右(右右)上原　陽平③　諏訪南
(左左)轟　　亮吾③　清陵付属
(右右)杵山慎太朗②　岡谷南部
(右右)有賀　達哉②　辰野
(右左)細田　源太①　永明
(右左)守屋　耕平②　長峰
(右右)宮阪　康希②　諏訪
(右左)小松原快仁①　富士見
(右右)高橋　良空②　諏訪
(左左)守屋　優作②　長峰
(右左)増沢　貫太①　岡谷東部
(右右)岩井　文弥①　茅野北部

諏訪二葉

監督　塚田　雄二(31)

投(右左)平出　晃大③　富士見
◎捕(右左)平出　崚紘③　富士見
一(右右)鈴木　健悟③　長峰
二(右左)斉藤　　響③　長峰
三(右右)五味　亮太②　永明
遊(右左)宮坂　悠太③　下諏訪
左(右左)金子　空翔②　諏訪南
中(右右)鈴木　穂高③　茅野東部
右(右左)小池　明空②　岡谷東部
(右右)平手　大翔②　永明
(右右)松村　　仁②　岡谷南部
(右右)樋川　大翔①　岡谷東部
(右右)浜家　　慧①　岡谷北部
(右右)高木　啓太①　岡谷北部
(右右)金井　主門①　富士見
(右右)池上　裕雅①　原
(右右)腰原　和樹①　塩尻西部
(右右)松村　　颯①　岡谷南部

高遠

監督　高重　陽介(32)

投(右右)湯田　健司②　南箕輪
捕(右左)池上　尚宏③　春富
一(右右)武田　俊也③　伊那東部
二(右右)小池　倫太②　西箕輪
三(右右)白鳥　一滴②　西箕輪
◎遊(右右)松崎　友紀③　南箕輪
左(右右)柳原　孝成②　箕輪
中(右右)井沢　伶央②　箕輪
右(右右)阿部　大空②　赤穂
(右右)登内　唯翔②　伊那東部
(右左)宮島　　潤③　箕輪
(右右)南坂　柊斗③　飯島
(右右)松尾　拓海③　中川
(右右)大下　和真③　伊那東部
(右右)加納　悠馬③　春富
(右右)竹村　琉希③　箕輪
(右右)安西　大穂②　高遠
(右右)小松　洸稀②　伊那
(右左)井上　颯也①　伊那東部
(右右)大山　晴空①　伊那東部

松川

監督　筒井　　剛（26）

投（右右）木戸　陽都③　豊丘
捕（右右）荒尾　慶都③　高森
一（右右）松田　篤実②　下伊那松川
二（右右）牧田　大知③　喬木
三（右右）仲田　陽斗②　中川
遊（右右）中平　和摩②　高森
左（右右）大島　梓恩②　高森
中（右右）伊藤　壮栄③　高森
右（右右）村山　文彬③　喬木
（右右）木下　友翔③　緑ケ丘
（右右）片桐　嵐汰②　中川
（右右）市沢　力斗②　高森
（右左）北原　兆治③　高陵
◎（右右）今村隼之佑③　鼎
（右右）高木琉希也③　下伊那松川
（右右）加藤　倭斗②　中川
（右右）桂川　侑也①　高陵
（右左）棚田　啓太①　高森
（右左）中塚　豪大①　高森
（右左）本島　幹太①　高森

富士見

監督　春日　　光（32）

投（右右）青木　悠馬③　岡谷東部
捕（右右）菊池　竜世③　原
一（右右）板倉　右恭②　原
二（右左）北原　　颯③　富士見
三（右右）宮内　烈綺①　長峰
◎遊（右右）内藤　光翼③　茅野東部
左（右右）武居　祥真②　長峰
中（右右）小口　慧人③　長峰
右（右左）吉見慎之助②　塩尻
（右右）丸山　　翔③　長峰
（右両）伊藤　那於②　岡谷東部

真剣勝負の経験、人生の糧に

信濃毎日新聞社運動部記者　倉島 拓未

毎年夏になるとよみがえる記憶がある。19年前、高校球児として長野大会を戦った。3回戦で対戦したのは、当時準優勝した佐久長聖。七回に2点差に迫り、八回に先頭打者として打席に立った。

出塁すれば追撃ムードが生まれる場面で、重圧にのみ込まれた。結果は3球見逃し三振。「なぜバットを振れなかったのか」「自分が塁に出ていれば試合はどうなったのか…」。その後悔はいまも消えない。ただ、その経験がいまの人生の糧となっているし、高校球児たちを取材する原点として自分を支えている。

今年の高校3年生たちは当初、そうした「経験」どころか、集大成の大会が開催されるかどうかも見通しが立たない状況だった。新型コロナウイルス感染拡大の影響で春夏の甲子園大会、地方大会が中止に。そうした中、県高野連をはじめとした関係者の尽力により代替大会が開催された。多くの熱戦が繰り広げられ、10日に幕を閉じた。

過去に例のない夏を経験した球児たちの言葉は重かった。初戦の2回戦で敗れた篠ノ井の近藤揺成主将は「休校中、深沢先生（監督）が励ましてくれた。勝って恩を返したかったのに悔しい」と号泣。下高井農林は正式な部員が2人という中、県高校総体が中止となった他の部活の仲間の力を借りて出場。1回戦で0―25と大敗にも、佐藤亮太主将は「助けてくれた仲間には感謝。みんなと野球ができて楽しかった」。高校野球の原点とは何かを改めて考えさせられた。

取材を進める中で、ある監督の言葉が印象に残った。「甲子園は大きな目標だけれど、最後まで勝ち残れるのは全国で1校。今年に限っていえば勝って終われるのは代替大会の優勝校だけ。結局は負けとどう向き合い、そこから何を学ぶか」

52人の3年生全員がベンチ入りを経験し、優勝を果たした佐久長聖は甲子園出場よりも大切なことを学んだかもしれない。敗れた77チームの球児たちも、真剣勝負の試合でしか味わえない多くの経験をしたことだろう。一球の怖さ、達成感、後悔、感謝の思い…。今後の人生の糧となる、そうした経験ができたところに今大会を開催した大きな意義があった。

（上田染谷丘高校野球班OB、第83回長野大会出場）

目　次

取　材　信濃毎日新聞社編集局
編　集　内山郁夫（信濃毎日新聞社出版部）
デザイン　酒井隆志、高﨑伸也

Special Thanks （一財）長野県高等学校野球連盟

〈おことわり〉
>本書は、信濃毎日新聞記者が取材し、本紙に掲載された記事・写真を中心に再編集・再構成しました。一部の記事は、紙面掲載のものとは違う場合があります。
>記事等に登場する人名・団体名、肩書・所属、年齢、事実等は、紙面掲載当時のものです。

思いを咲かせ この一瞬に——
2020夏季高校野球長野県大会
報道記録グラフ

2020年9月10日　初版発行

編　者　信濃毎日新聞社編集局
発行所　信濃毎日新聞社
〒380-8546　長野市南県町 657
電話 026-236-3377（出版部）
印刷所　大日本法令印刷株式会社

ISBN978-4-7840-7369-6 C0075

2020年度 全国の代替大会

ブロック・都道府県名		決勝戦（最終）結果　※3校以上は校名のみ
北海道	北北海道	**クラーク記念国際** 10－0 旭川龍谷
	南北海道	**札幌第一** 8－3 札幌国際情報
東北	青森	**青森山田** 8－5 八戸学院光星
	岩手	**一関学院** 4－1 盛岡大付
	宮城	**仙台育英** 8－2 仙台
	秋田	**ノースアジア大明桜** 7－2 能代松陽
	山形	**鶴岡東** 9－4 東海大山形
	福島	**聖光学院** 6－0 光南
	東北大会	**聖光学院** 8－0 仙台育英　【6県の優勝校出場】
関東	茨城	土浦湖北／水戸啓明／明秀日立／霞ヶ浦　【準々決勝閉幕】
	栃木	青藍泰斗／文星芸大付／白鴎大足利／佐野日大／足利大付／宇都宮商／作新学院／国学院栃木　【ベスト8まで】
	群馬	**桐生第一** 6－5 高崎健康福祉大高崎
	埼玉	**狭山ヶ丘** 5－2 昌平
	千葉	**木更津総合** 2－1 専大松戸
	東東京	**帝京** 3－2 関東第一
	西東京	**東海大菅生** 4－3 佼成学園
	神奈川	**東海大相模** 9－5 相洋
	山梨	**東海大甲府** 5－4 山梨学院
北陸信越	新潟	**中越** 9－3 日本文理
	富山	**高岡第一** 1－0 石動
	石川	**日本航空石川** 2－1 星稜
	福井	**敦賀気比** 8－1 福井工大福井
	長野	**佐久長聖** 9－0 飯山
東海	岐阜	**大垣日大** 6－5 中京
	静岡	**聖隷クリストファー** 6－5 浜松開誠館
	愛知	**中京大中京** 1－0 愛知産大工
	三重	**いなべ総合** 5－4 四日市工
近畿	滋賀	**近江** 6－1 水口東
	京都	龍谷大平安／乙訓／京都文教／洛東／京都翔英／北嵯峨／北稜／京都共栄　【8ブロックで各優勝校決定】
	大阪	**関大北陽** 17－2 大院大高／**履正社** 9－3 大阪桐蔭　【準決勝閉幕】
	兵庫	報徳学園／神戸国際大付／神港橘／県尼崎／赤穂／神戸第一／三田松聖／東播磨　【ベスト8まで】
	奈良	**天理** 6－4 奈良大付
	和歌山	**智弁和歌山** 10－1 初芝橋本
中国	鳥取	**倉吉東** 7－5 鳥取城北
	島根	**益田東** 10－5 立正大淞南
	岡山	**倉敷商** 11－1 創志学園
	広島	**広島商** 9－1 広陵
	山口	**高川学園** 6－1 桜ヶ丘
四国	徳島	**鳴門** 7－6 徳島商
	香川	**尽誠学園** 5－0 高松商
	愛媛	**松山聖陵** 13－5 宇和島東
	高知	**高知** 3－2 明徳義塾
九州沖縄	福岡	飯塚／九州国際大付／西日本短大付／福岡　【4地区で各優勝校決定】
	佐賀	**龍谷** 8－7 敬徳
	長崎	**大崎** 6－1 鹿町工
	大分	**津久見** 2－1 大分舞鶴
	熊本	文徳／有明／秀岳館　【豪雨の影響で3地区各優勝校決定に変更】
	宮崎	**宮崎日大** 12－2 宮崎学園
	鹿児島	**神村学園** 12－2 国分中央
	沖縄	**八重山** 4－2 未来沖縄